はじめてでも楽しく作れる！

small crocheted items

かぎ針編みの小もの

バッグ・帽子・ストール

成美堂出版

はじめてでも楽しく作れる！
small crocheted items

かぎ針編みの小もの
◈ バッグ・帽子・ストール ◈

Contents

おしゃれなバッグとポーチ
Fashionable Bag & Pouch

まちつきなので、たっぷり収納できます。
使用糸 ≫ DMC　ナチュラXL

共糸でタッセルチャームを飾ると、上品な雰囲気に。
使用糸 ≫ DMC　ナチュラXL

キュートな Round Bag
ラウンドバッグ

円形型がかわいい、まちつきのラウンド
バッグ。作品 1 は 2 色使いのキュートなキャ
ンディ風ボーダー。作品 2 は 1 色でタッセ
ルチャームをアクセントに飾ったトレンド
仕様。どちらも太糸のコットンだから、肌
にやさしく手早く編めるのが嬉しい。

デザイン ≫ 河合真弓
編み方 ≫ **48** ページ

1 ,,,,,,

2 ,,,,,,

パイナップル編みの Casual Bag

カジュアルバッグ

手編みならではのキュートな伝統模様、パイナップル編みのトートバッグ。
作品 3 は編み地が浮き立つように内袋には生成り色の布を使い、持ち手は
夏らしい市販のバンブーに。作品 4 はマットなテープヤーンで編み上げた
使いやすい大きめサイズ。鮮やかなオレンジ色にも惹かれます。

デザイン ≫ みさお　　編み方 ≫ **50**ページ

3 ⁄⁄⁄⁄

4 ⁄⁄⁄⁄⁄⁄

モチーフつなぎの Marche Bag

マルシェバッグ

花びらが浮き立つ立体模様の花モチーフつなぎ。作品5と6の本体は同じ編み方ですが、糸味と仕上げ方で印象を変えています。作品5はキュートな色の段染め糸を使用し、チェーンの持ち手には共糸を通しておしゃれに。写真では大きく見えますが、作品6よりひと回り小振りのサイズです。

デザイン ≫ 河合真弓
編み方 ≫ **52**ページ

5 ,,,,,,,

使用糸 ≫ ダイヤモンド毛糸　ダイヤコスタソルベ

6 ,,,,,,,

さらっとした肌ざわりで軽やかな和
紙のテープヤーンを使った春夏シーズ
ンにぴったりのバッグ。ショルダーと
しても使える長さの持ち手もいい感じ。
キュートな雰囲気でたっぷり収納でき
る大きめサイズが魅力です。

使用糸 ≫ ダイヤモンド毛糸　ダイヤニーノ

モチーフポイントの Tote Bag

トートバッグ

太糸の麻糸でしっかり編み上げたシンプルトートに、細糸の花モチーフブレードを飾ったフェミニンバッグ。繊細な花飾りでカジュアルトートの印象がいっぺんに変わるから不思議です。花ブレードは飽きたら外して、麻糸のフリンジチャームにつけかえても。

デザイン ≫ 河合真弓　編み方 ≫ **56**ページ

7

詳しい編み方
26
ページ

使用糸 ≫ 藤久　ウイスタークロッシェジュート〈細カラー〉、
プレミアムレース糸ソフティーナチュラル

8

使用糸 ≫ ニッケビクター毛糸　ニッケ 優華（ゆうか）

9

使用糸 ≫ ダイヤモンド毛糸
マスターシードコットン〈クロッシェ〉

市販のバッグに花モチーフを飾ったマイオリジナル

　手持ちのカゴバッグに手編みの花モチーフを飾って、自分好みの
オリジナルバッグを作ってみてはいかがでしょう。これなら気軽に
トライできて、おしゃれ感も抜群。おすすめです。

持ち手続きの**Square Bag**
スクエアバッグ

ちょっとしたお出かけに持ちたくなる、気分が上がるきれいめカラーの麻糸バッグ。細編みでぐるぐる編む持ち手続きのスクエア形です。作品**10**は約たて18cm×横33cmのプチサイズ。作品**11**は太めの麻糸段染めを使用した、作品**10**よりやや大きめのサイズです。

デザイン ≫ 風工房　　編み方 ≫ **60**ページ

10 ⁄⁄⁄⁄

使用糸 ≫ 藤久　ウイスタークロッシェジュート
　　　　〈細カラー〉

11 ′′′′′′

12

詳しい編み方 **32** ページ

13

14

配色モチーフの
Petit Bag & Pouch プチバッグ＆ポーチ

　編みもの初心者の方なら、プチサイズの小もの
からトライしてみてはいかがでしょう。今大人気
のクラシックな花モチーフつなぎ。多色使いの小
バッグと2色・3色使いのかわいいポーチの3種。
色のセレクトも手編みならではの楽しさです。

デザイン ≫ 河合真弓　編み方 ≫ **62** ページ

使用糸 ≫ DMC　ハッピーコットン

キュートな色の Accessory case

小もの入れ

いつも持っていたくなるようなかわいい手編みの小ものたち。糸はソフトで優しい手ざわりのナチュラルコットン。編みやすい並太タイプで、なによりキュートな色合いに惹かれます。プレゼント用にもおすすめ。

編み方 ≫ **68**ページ

15

16

19

17

18

折りたためる Eco Bag
エコバッグ

　携帯にも便利な折りたためるエコバッグは、3点同じパターンの糸違い。作品**20**はコットンヤーン、**21**と**22**は麻糸です。**22**は別糸の花モチーフを散らした大人かわいいデザイン。糸の質感と色合い、プラスαの仕方で雰囲気がかなり変わります。

デザイン ≫ 河合真弓　　編み方 ≫ **70**ページ

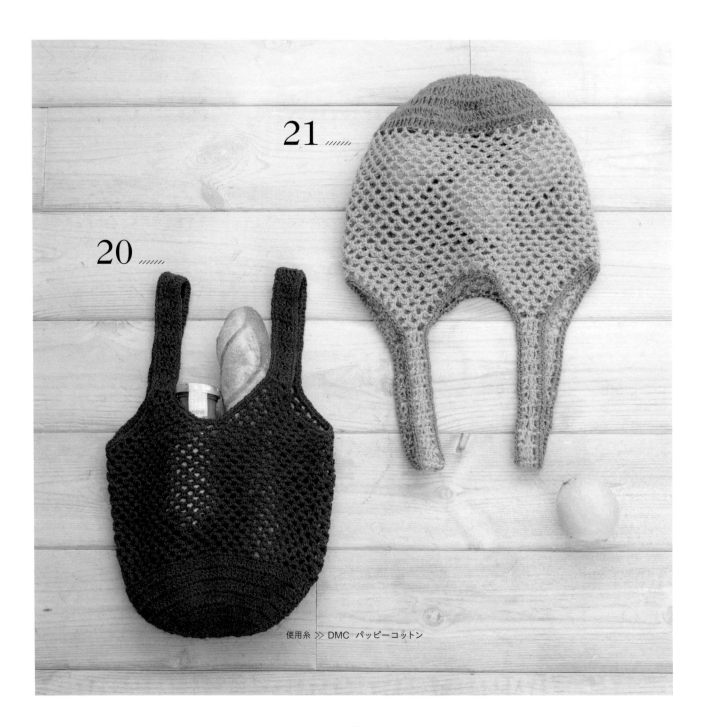

使用糸 ≫ DMC　パッピーコットン

22 //////

ナチュラルな麻糸をベースに、黒の花モチーフを散らした大人かわいいバッグ。モチーフは「花あみルーム」という用具を使うと、同じ大きさに手早くきれいに作れて便利です。

細編みの
おしゃれ＆カジュアルバッグ
Stylish & Casual Bag

　しっかりした編み地に仕上がる細編みバッグ。作品 **23** はソフトで編みやすい太糸のデニムヤーン使用のカジュアル仕様。タッセルチャームのワンポイント飾りが光っています。作品 **24** は杢糸のテープヤーンがニュアンスある編み地に仕上げているおしゃれ仕様。市販の黒の持ち手のあしらい方も素敵です。

デザイン ≫ 河合真弓　編み方 ≫ **59**ページ

23 ⁄⁄⁄⁄

24 /////

変わり Border Bag

ボーダーバッグ

どちらも同じ5色使いのボーダー模様ですが、色のセレクトでまった
く印象が変わります。ポップな作品 **25** は個性的で着こなしのアクセン
トにもなりそう。作品 **26** はどの服とも合わせやすいナチュラルカラー。
タッセルはとめ具とおしゃれアクセントを兼ねている賢いデザインです。

デザイン ≫ 岡本啓子　編み方 ≫ **65** ページ

25

使用糸 ≫ アトリエ K'sK　セサミ

20

26 //////

タウン用に Tape yarn Bag

<small>テープヤーンバッグ</small>

ナチュラルなようで存在感ある都会派志向のおしゃれ
トート。糸は筒状に編まれたニット地のテープヤーン。
太糸だから内袋なしでもしっかり形よく編み上がります。
高級感あるべっ甲風のバンブーの持ち手も素敵です。

デザイン ≫ 河合真弓　編み方 ≫ **72**ページ

27 //////

おしゃれTote Bag
トートバッグ

　シャリ感がさわやかな和紙のクラフトテープヤーンで編み上げた2色使いのトートバッグ。作品 **28** は2玉、**29** は4玉使用のサイズ違い。デザインポイントを兼ねている持ち手のあしらい方が魅力です。

デザイン ≫ Aki　編み方 ≫ **74**ページ

29 ⁄⁄⁄⁄⁄

28 ⁄⁄⁄⁄⁄

使用糸 ≫ ダイヤモンド毛糸　ダイヤニーノ

モチーフつなぎの Square Bag

スクエアバッグ

底幅を広めにしたキュートな形のスクエアバッグ。本体は同じ
モチーフ柄ですが、糸味の違いと底板や内袋の材質で仕上がりの
表情がまったく変わります。作品30は素朴で温かみのある雰囲気、
31はさわやかクールなフェミニンタイプ。お好みでお選びください。

デザイン ≫ みさお　　編み方 ≫ **76** ページ

使用糸 ≫ スキー毛糸　スキーハルガスミ、
スキースーピマコットン

30

31 ⁄⁄⁄⁄⁄

使用糸 ≫ ニッケビクター毛糸　ニッケ ノパ

photos／本間伸彦

モチーフポイントのトートバッグ

・本誌10ページ、作品**7**の詳しい編み方を解説します。製図は56ページにあります。
・作品は藤久　ウイスタークロッシェジュート〈細カラー〉のグリーン、ウイスター プレミアムレース糸ソフティーナチュラルの
　オフホワイトを使用しています。またポイントでは別糸を使用しています。

用具をそろえる

❶ 8/0号かぎ針　❷ 2/0号かぎ針
❸ はさみ　❹ とじ針（糸始末用）
❺ ステッチマーカー（糸印のかわりにあると便利）
❻ ニット用待ち針
※用具はすべてクロバー製品

糸のかけ方と針の入れ方は写真のほか
「かぎ針編みの編み目記号と基礎」（P.92〜95）も
併せて参照してください。

1 底を編む

目を作る……鎖編みの作り目（P.92）　　細編みを編む……細編み（P.92）　引き抜き編み（P.93）

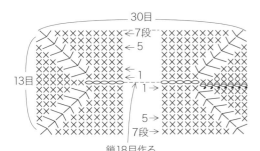

30目
←7段
←5
←1
↑1
13目
5→
7段→
鎖18目作る
↓↑・↓↑＝細編み3目（増し目）

←交差

1 左手に糸をかけ、8/0号かぎ針を糸の向こう側におきます。針を手前に引き、矢印のように回して輪を作ります（a）。交点を親指と中指で押さえ、針に糸をかけて（b）引き出します（c）。

■1段め

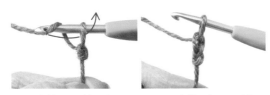

2 糸輪を引き締めます。この目は1目と数えません。もう一度針に糸をかけて引き出します。この引き出した目が鎖の1目めになります。

3 **2**をくり返して鎖の目を18目作ります。

4 立ち上がりの鎖1目を編み、1目とばして矢印のように鎖の裏山に針を入れ、糸を針にかけて引き出します。

5 針に糸をかけて針にかかっている2ループを引き抜きます。細編み1目が編めました。

6 同じ鎖1目めの位置に細編みをもう1目編みます。

7 鎖2目めからは鎖1目に細編みを1目編むことをくり返し、18目まで編みます。

8 18目めに細編みをあと2目編みます。1目に3目の細編みを編み入れました。

a
b
c

9 下側は作り目の鎖の残り2本を拾い、糸端を編みくるみながら鎖の1目めまで細編みを編みます。

10 次に1段めの引き抜き編みをします。矢印のように1目めの細編みの頭に針を入れます（a）。針に糸をかけて引き抜きます（b）。1段めが編めたところ（c）。

■2段め

11 立ち上がりの鎖1目を編み、1段めの1目に細編み1目を編みます

12 次の目に細編み3目を編み入れます。

13 1目に細編み1目を16目編みます。

14 次の目に細編み3目を編み入れます。

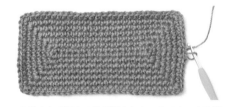

15 細編み1目編み、次の目に細編み3目を編み入れます。同じ要領で記号図通り編みます。

16 2段めまで編めたところ。同じ要領で7段まで編みます。

17 7段めまで編んで底が編めたところです。次は側面を編みます。

2 側面を編む

1 増し目をしないで細編み3目の位置も1目ずつ拾っていき、増減なしで27段まで編みます。

2 27段めの引き抜き手前まで編めたところ。入れ口は引き抜きの段差が目立たないようにとじ針で仕上げます。

3 針にかかったループを約10cm引き伸ばし、糸を切ります。

4 糸をとじ針に通し、27段めの2目めの細編みの頭の2本をすくいます。次に最後の細編みの頭に針を戻します。

5 鎖1目の大きさになるように糸を引きます。

6 糸始末をします。編み地を裏に返して糸をくぐらせます。何目かくぐらせたら逆向きにもくぐらせ、糸を切ります。

7 側面ができ上がりました。

3 持ち手を編む

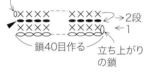

立ち上がりの鎖
→2段
←1
鎖40目作る
立ち上がりの鎖

◀ =糸を切る

■1段め

1 鎖編みの作り目で40目と立ち上がりの鎖1目を編み、細編み1段を編みます。

■2段め

2 立ち上がりの鎖1目を編み、編み地を持ちかえて細編みを40目編みます。

3 編み地を持ちかえて引き抜き編みをします。1段めの1目めの頭に針を入れます。

4 針に糸をかけて引き抜きます。次に1段めの2目めの頭に針を入れて引き抜きます。1目ずつ引き抜きます。

5 数目引き抜き編みをしたところ。

6 同じ要領で持ち手2本を編みます。

4 モチーフを編む

糸輪の作り目(P.92)　長々編み(P.93)　長編み(P.92)　鎖3目のピコット編み(P.94)

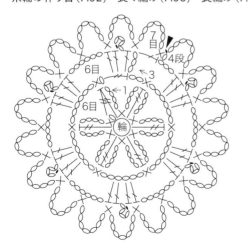

7目
4段
6目
←1
↑3
6目
輪

※モチーフの単体は見やすいように太めの別糸と針を使用しています。

■糸輪の作り目

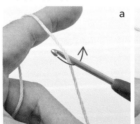

a　b　c

1 レース糸の向こう側に2/0号かぎ針をあて、針先を回転させて糸の輪を作ります(a)。糸輪の交点を押さえます。糸輪の中に針を入れ、針に糸をかけて(b)引き出します(c)。

28

■1段め

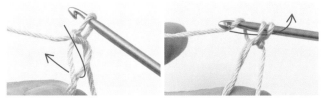  

2 立ち上がりの鎖を1目編み、続けて糸輪の中に針を入れ、針に糸をかけて引き出します。針に糸をかけて2ループを引き抜いて細編みを編みます。

3 鎖4目を編みます。針に2回糸をかけて糸輪に針を入れ、もう一度針に糸をかけて糸を引き出します。

4 針に糸をかけ、針にかかっている2ループを引き抜きます。

5 さらに針に糸をかけて2ループを引き抜きます。この状態を未完成の長々編みと呼びます（写真右）。もう一度針に糸をかけて2ループを引き抜きます。

6 長々編みが編めました。

7 鎖4目を編み、糸輪に細編み1目を編みます。

8 細編みを編んだところ。3～7をくり返します。

9 最後の鎖4目まで編んだら次に長々編み2目一度を編みます。1目は糸輪から目を拾い、もう1目は細編みの頭から目を拾って未完成の長々編みを2目編みます。

10 針に糸をかけて針にかかっている3ループを引き抜きます。

■2段め

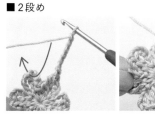 

11 長々編み2目一度が編めたところ。

12 糸輪の糸端を引いて輪を引き締めます。次は2段めを編みます。

13 立ち上がりの鎖1目、長々編み2目一度の頭に細編み1目、鎖6目を編みます。次に長々編みの頭に細編みを編みます。鎖6目、細編み1目をくり返します。

14 2段めの最後は鎖2目を編み、1目めの細編みの頭に長々編みを編みます。

■3段め

 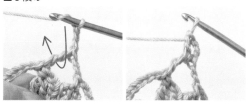 

15 2段めまで編めました。

16 立ち上がりの鎖3目を編み、長々編みの下の空間に針を入れて長編みを編みます。

17 鎖4目を編み、1目めの鎖の半目と裏山に針を入れます。針に糸をかけて引き抜きます。

18 鎖3目のピコットが編めました。鎖の下の空間に針を入れて長編み2目、鎖6目を編みます。長編み2目、鎖3目のピコット、長編み2目、鎖6目をくり返します。

19 編み終わりは鎖3目を編み、長編みを立ち上がり鎖3目の3目めに編みます。

20 3段めが編めたところ。

■4段め

21 立ち上がりの鎖1目を編み、細編みを長編みの下の空間に針を入れて編みます。

22 鎖7目を編み、細編みを3段めの立ち上がりの鎖の3目めに編みます。

23 細編みと鎖7目をくり返しますが、前段が長編みの時は長編みの頭を、鎖の時は空間を拾います。

24 引き抜き手前まで編めたら、糸を切ってとじ針に糸を通します。1目めの細編みに向こう側から針を入れます。

25 鎖の目に針を戻して糸を引きます。

26 裏側で表に響かないように糸端をくぐらせて糸の始末をします。

27 編み始めの中央はゆるみやすいのでしっかりくぐらせて始末します。

28 モチーフ1枚が編めました。

5 モチーフをつなぐ

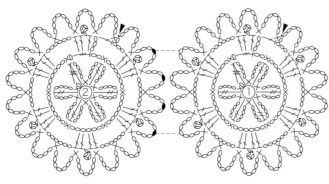

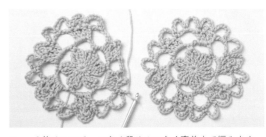

1 2枚めのモチーフを4段めのつなぐ直前まで編みます。

2 糸を手前にして1枚めのモチーフの鎖の空間に上から針を入れ、針に糸をかけて引き抜きます。

3 続けて鎖3目を編み、細編みを2枚めのモチーフに編みます。

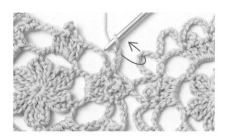

4 鎖3目を編み、**2**と同じ要領で1枚めのモチーフとつなぎます。

5 2枚のモチーフを4箇所つなぎます。同様にモチーフ10枚をつなぎます。

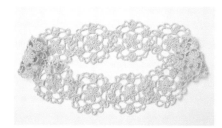

6 10枚めは1枚めとつないで輪にします。10枚編めたところ。
※作品と同じプレミアムレース糸でつなぎ合わせた写真です。

■6 まとめ

モチーフつなぎをバッグ本体にまつる

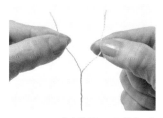

1 レース糸を約50cmに切り、糸先のよりを戻して2本に糸を分けます（割り糸）。

2 バッグ本体にモチーフを重ね、位置を整えて待ち針で仮どめをします。

3 割り糸をとじ針に通し、表にひびかないようにモチーフ4段めの鎖の半目をすくってまつります。

4 数目まつったところ。同じ要領で一周まつります。
※見やすいように糸は別色を使用しています。

持ち手をつける

5 モチーフつなぎがバッグにつきました。

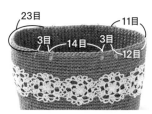

6 持ち手つけ位置にマーカーで印をつけます。

7 持ち手は裏側を表にして待ち針で仮どめします。

8 入れ口回りは表を見て返し縫いをします。裏側からきわに針を入れて縫い始めます。

9 返し縫いでとめつけます。

10 持ち手回りは裏を見てまつります。

11 持ち手がついたところ。
※見やすいように別糸を使用し、ゆるめにつけています。

完成！

photos／本間伸彦

モチーフの編み方とつなぎ方

・本誌14ページ・作品 **12・13**、製図62ページ

糸のかけ方と針の入れ方は写真のほか「かぎ針編みの編み目記号と基礎」（P.92〜95）も併せて参照してください。

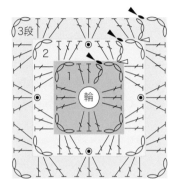

◁＝糸をつける

◀＝糸を切る

モチーフを編む

糸輪の作り目・鎖編み・長編み（P.92）
引き抜き編み（P.93）

■糸輪の作り目

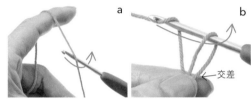

1 糸の向こう側にかぎ針をあて、針先を回転させて糸の輪を作ります（a）。糸輪の交点を押さえます。糸輪の中に針を入れ、針に糸をかけて引き出します（b）。

■1段め

2 糸輪の作り目ができました。

3 糸輪をゆるめたまま、針に糸をかけて糸を引き出すことを3回くり返し、立ち上がりの鎖を3目編みます。針に糸をかけ、糸輪の中に針を入れて糸を引き出します。

4 針に糸をかけて2ループを引き抜きます。さらに糸をかけて2ループを引き抜きます。

5 長編みが編めたところ。

6 あと1目長編みを編みます。

7 鎖3目を編みます（a）。長編み3目、鎖3目をくり返します。最後の鎖3目まで編んだところ（b）。

8 7の矢印のように立ち上がりの鎖3目めの裏山と半目に針を入れ、糸をかけて引き抜きます。

9 糸を切り、目の中に糸を入れて引き締めます。

10 編み始めの糸端を引いて糸輪を引き締めます。

（裏側）

11 1段めが編めました。

■2段め

12 1段めの鎖3目下の空間に針を入れて新たな配色糸を引き出します。さらに糸をかけて引き抜きます。糸端を引いて目を締めます。新たな糸がつきました。

13 立ち上がりの鎖3目を編みます。1段めの鎖3目下の空間に針を入れ、糸端を編みくるみながら長編みを2目編みます。

14 次の鎖3目下の空間に長編み3目、鎖3目、長編み3目を編みます。これをくり返します。

15 編み終わりは糸を引き抜いて糸を切ります。2段めが編めました。

■3段め

16 新たな配色糸をつけて立ち上がりの鎖3目、長編み2目を編みます。糸をかけて前段の長編みと長編みの間の空間（◉）に針を入れ、長編みを3目編みます。

17 前段の鎖3目下の空間に長編み3目、鎖3目、長編み3目を編みます。

約10cm

18 16・17をくり返し、最後の鎖3目を編んだら針にかかったループを伸ばして糸を切ります。

19 とじ針に糸を通し、立ち上がりの次の長編みの頭の糸2本をすくいます。

1目ができた

20 最後の鎖の目に針を戻します。1目の大きさになるように糸を引きます。次に糸始末をします。

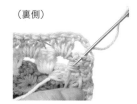

（裏側）

21 糸をくぐらせ、向きをかえて長編みの足にくぐらせてから糸を切ります。

22 編み始めの糸も裏側で長編みの足にくぐらせて糸始末をします。

23 モチーフが編めました。同じ要領で必要枚数編みます。

モチーフをつなぐ

巻きはぎ（P.95）　※見やすいように糸は別色を使用しています。

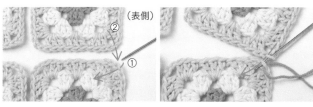

（表側）
②
①

1 モチーフを配置し、横1列につなぎます。鎖3目の中央の外側半目に①②の順で針を入れます。始めの端は2回針を入れてすくって糸を引きます。続けて2枚のモチーフの鎖の外側半目をすくっていきます。

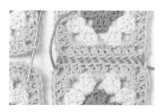

2 1枚はいだところ。続けて2枚めもすくってはぎます。

3 はぎ終わりは同じ位置に2回糸を通してしっかりとめます。縦も同じ要領でつなぎます。

a　b　c

4 モチーフが4枚交差する位置は矢印のように横ではいだ2枚のモチーフに針を入れ（a）、次に反対側の2枚のモチーフにも針を入れてすくいます（b）。糸がクロスして穴があかなくなります（c）。続けて左右外側半目をすくっていきます。

5 モチーフがつながりました。枚数が多くても同じ要領でつなぎます。

クロッシュ帽とベレー帽
Cloche hat & Beret

32

使用糸 >>
オリムパス シャボット

33 //////

花モチーフつなぎの Motif Cloche
モチーフクロッシュ

　サイドに配した立体モチーフがポイントの手編みならではのクロッシュ。ブリム幅が違う2点です。日除け防止用にする場合はブリム幅が広い作品**32**がおすすめ。ほどよい透かし模様が蒸れ防止にもなっている、さわやかなかぶり心地のクロッシュです。

デザイン ≫ 細野雅子
編み方 ≫ **82**ページ

ブリム幅で印象が変わるCloche Variation

<ruby>クロッシュバリエーション</ruby>

　トップとブリムは細編み、サイドに模様編みを配したおしゃれなデザインの3点。ブリム幅とコサージュや結びひも飾りのプラスαが違います。自分に似合うお好みのタイプをセレクトしてください。糸は共にシャリ感のある夏仕様のクラフトテープヤーン。

デザイン ≫ 細野雅子　編み方 ≫ **84**ページ

34

使用糸 ≫ ダイヤモンド毛糸　ダイヤニーノ

35

使用糸 ≫ オリムパス　シャポット

36

使用糸 ≫ オリムパス　シャポット

渦巻き模様の Swirl Beret

スワールベレー

スタイリッシュな着こなしのおしゃれポイントにおすすめ
のベレー帽。増減目のエッジが渦巻き状に走る模様編みがポ
イントの形のいいベレーです。糸は素肌に触れても心地よい
ソフトな風合いのナチュラルコットンがおすすめです。

デザイン ≫ Sachiyo Fukao　編み方 ≫ **86**ページ

37

38 ″″″

使用糸 ≫ スキー毛糸　スキースーピマコットン

ストール・マーガレット・ポンチョ

Stole & Margaret & Poncho

39

マーガレット兼用の
Large Stole 大判ストール

　カジュアルにもエレガントにも対応
できるレーシー模様の大判ストール。
サイドに配したボタンをループにとめ
れば涼しげなマーガレットに早変わり。
コーディネートの幅が広がる賢いデザ
インです。

デザイン ≫ りょう　　編み方 ≫ **79**ページ

使用糸 ≫ ダイヤモンド毛糸
　　　　　マスターシードコットン〈デュエット〉

ブロック模様の Triangle Stole

<ruby>三角ストール</ruby>

　ダイヤブロック柄の透かし模様が涼しげでキュートな印象の三角ストール。マットな風合いのミックススラブヤーンの糸味にも惹かれます。透かし柄ではありますが、冷房対策にも役立つ一枚です。

デザイン ≫ Aki　　編み方 ≫ **88**ページ

40

使用糸 ≫ スキー毛糸　スキーハルガスミ

41 ⁄⁄⁄⁄⁄

_{たて長ストール}
ストライプ模様のVertically long Stole

夏のストールはおしゃれアクセントのほか、首元の日除け対策
にも役立つ必須アイテムです。たてに流れるレーシー模様と両端
に配したフリンジのあしらいが素敵です。

デザイン ≫ 河合真弓　　編み方 ≫ **90**ページ

モチーフ模様の
エレガントストール
Elegant Stole

　清涼感あふれるミントグリーン
のレーシーストール。ベースは花
モチーフつなぎで、周りに配した
ネット編みの縁編みがより優雅で
エレガントな印象を添えています。
細めの糸を使ったほうが繊細で素
敵な仕上がりになります。

デザイン ≫ **りょう**

編み方 ≫ **79**ページ

42

涼しげな Lacy Poncho

<ruby>レーシーポンチョ</ruby>

大判ストール感覚のサマーポンチョ。ノースリーブを着たときや腕をさりげなくカバーしたいときにも役立つアイテムです。この作品は肩をはぎましたが、ボタンどめにしておくとストールとしても使えるタイプになります。お好みで調整してください。

デザイン ≫ 河合真弓　編み方 ≫ **90**ページ

43

傘の枝カバー

Original Umbrella cover

だれでも持っているビニール傘。手軽
で便利だけど、みんな同じでどれが自分
のか分からなくなるのが難点。そこで手
編みの傘の枝カバーを手作り。これなら
すぐ分かるし、何よりとってもキュート。
少しの糸で編めるから残り糸を
利用して、ぜひ編んでみて
ください。

デザイン ≫ Aki

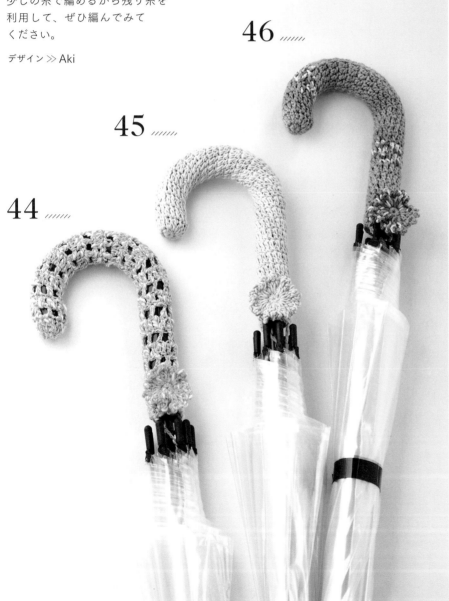

46

45

44

45 使用糸 ≫
ユザワヤ　抗菌コットンエブリィ

46

44, 45, 46 傘の枝カバー | 作品46ページ

● 材料と用具

糸／ **44** 合太タイプのスラブヤーン（30g巻・約89m）の黄色を10g

糸／ **45** ユザワヤ 抗菌コットンエブリィ（25g巻・約85m…合太タイプ）の6（ブルー）を7g（1玉）・9（グレー）を6g（1玉）

糸／ **46** 並太タイプのストレートヤーン（40g巻・約112m）のピンク系×水色段染めを15g

針／ **44・46共通** 5/0号かぎ針 **45** 4/0号かぎ針

付属品／ **44・45・46共通** 65cmのビニール傘を各1本

● ゲージ

44・46共通 模様編み・長編み16目（6cm）11段（10cm）

45 編み込み模様18目（6cm）10.5段（10cm）

● でき上がり寸法

44・45・46共通 幅3cm 長さ25cm

● 編み方要点

> ★緑色は**44**、青色は**45**、赤色は**46**、黒は共通です。
> ★**46**の編み込み模様は裏側の渡り糸を編みくるみながら、配色は最後の引き抜きをするときに色をかえて編みます。

❶ 糸輪の作り目で細編みを8目9目8目編み入れて輪に編みます。模様編み編み込み模様長編みの1段めで16目18目16目に目を増し、2段めからは増減なく27段26段27段編みます（※**45**は細編みと編み込み模様の1段めはブルーで編む）。

❷ 続けて細編み1段と鎖8目のループを編み、9目10目9目めに内側から引き抜きどめます。

❸ 花モチーフを各1個輪に編んで指定位置にとじつけます。

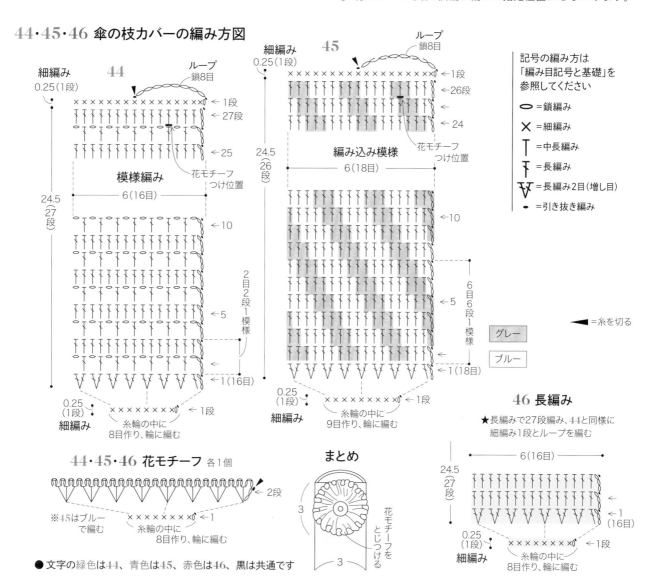

44・45・46 傘の枝カバーの編み方図

記号の編み方は「編み目記号と基礎」を参照してください

⌒ ＝鎖編み
✕ ＝細編み
T ＝中長編み
∤ ＝長編み
V ＝長編み2目（増し目）
・ ＝引き抜き編み

◀ ＝糸を切る

グレー
ブルー

44 細編み 0.25（1段） ループ 鎖8目 模様編み 6（16目） 花モチーフつけ位置 2目2段1模様 24.5（27段） 糸輪の中に8目作り、輪に編む

45 細編み 0.25（1段） ループ 鎖8目 編み込み模様 6（18目） 花モチーフつけ位置 6目6段1模様 24.5（26段） 糸輪の中に9目作り、輪に編む

46 長編み ★長編みで27段編み、**44**と同様に細編み1段とループを編む 6（16目） 24.5（27段） 細編み 0.25（1段） 糸輪の中に8目作り、輪に編む

44・45・46 花モチーフ 各1個

2段 ※**45**はブルーで編む 1 糸輪の中に8目作り、輪に編む

● 文字の緑色は**44**、青色は**45**、赤色は**46**、黒は共通です

まとめ

3 3 花モチーフをとじつける

1, 2 キュートな Round Bag （ラウンドバッグ） | 作品4ページ

● 材料と用具

糸／**1** DMC ナチュラXL（100g巻・約75m…超極太タイプ）の92（マスタード色）を260g（3玉）・31（生成り）を100g（1玉）

糸／**2** DMC ナチュラXL（100g巻・約75m…超極太タイプ）の32（ベージュ）を290g（3玉）

針／**1・2** 共通　10/0号かぎ針

● ゲージ10cm四方

1・2 共通　細編み縞・細編み10.5目11段（側面）

● でき上がり寸法

1 口幅33cm　深さ33cm　まち幅4.5cm

2 口幅29cm　深さ29cm　まち幅4.5cm

● 編み方要点

★赤色は**1**、青色は**2**、黒は共通です。

★**1**の細編み縞はたてに糸を渡して、配色糸がかわる1段前の最後の引き抜きをするときに、配色糸にかえて編みます。

❶ 側面中央で糸輪の作り目にして細編みで

1・2 バッグ

1 側面 細編み縞
★同形に2枚編む

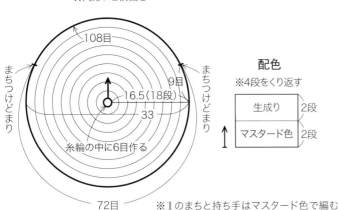

108目
9目
16.5（18段）
33
糸輪の中に6目作る
72目
まちつけどまり
まちつけどまり

配色
※4段をくり返す

生成り	2段
マスタード色	2段

※**1**のまちと持ち手はマスタード色で編む

2 側面 細編み
★同形に2枚編む

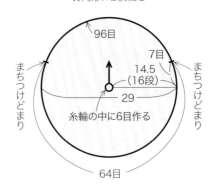

96目
7目
14.5（16段）
29
糸輪の中に6目作る
64目
まちつけどまり
まちつけどまり

1・2 まち 細編み

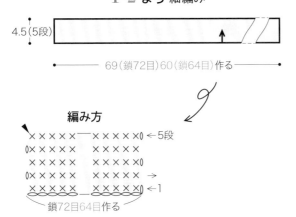

4.5（5段）
69（鎖72目）60（鎖64目）作る

編み方

×××× ×××× 0 ←5段
0×××× ×××××
×××× ×××× 0
0×××× ×××××→
×××× ×××× 0 ←1
鎖72目64目作る

1・2 持ち手 細編み（各2本）

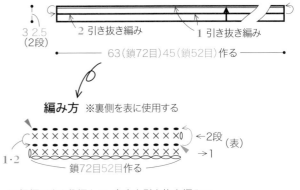

3 2.5（2段）
2 引き抜き編み　**1** 引き抜き編み
63（鎖72目）45（鎖52目）作る

編み方 ※裏側を表に使用する

×××××××××××××××× 0 ←2段（表）
・・・・・・・・・・・・・・・・ →1
鎖72目52目作る

※細編みを2段編んで、中央を引き抜き編みで編む。**1**は続けて2段めも引き抜き編みで編む

● 文字の赤色は**1**、青色は**2**、黒は共通です

記号の編み方は「編み目記号と基礎」を参照してください

◯=鎖編み　×=細編み　∨・∀=細編み2目　・=引き抜き編み

6目作り、増し目をしながら細編み縞で18段・細編みで16段輪に編みます。

❷ まち（5段）と持ち手（2段）はゆるめに鎖編みの作り目をして、細編みで鎖の裏山を拾って編みます。持ち手の **1** は中央と2段め・**2** は中央のみを引き抜き編みで整えます（※2段編んだら編み地を裏に返して、中央は1段めの目と目の間に針をれて引き抜く）。

❸ 側面とまちを外表にして各72目64目を仮どめ、側面を見ながら側面とまちの細編みの頭を拾い、1目ずつ引き抜きはぎで合わせます。続けて入れ口側の36目32目を引き抜き編みで整えます。

❹ 持ち手は裏側を表にして、指定位置にまつりつけます。

❺ **2** は飾りタッセルを作り、持ち手につけます。

まとめ

2 飾りタッセル

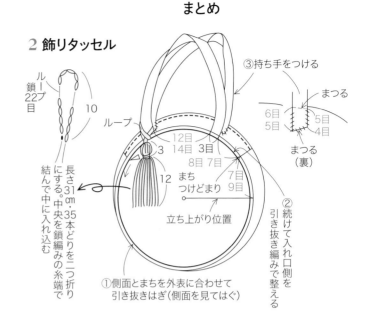

①側面とまちを外表に合わせて引き抜きはぎ（側面を見てはぐ）

②続けて入れ口側を引き抜き編みで整える

③持ち手をつける

ループ 鎖22目

ループ

長さ31cm・35本どりを二つ折りにする。中央を鎖編みの糸端で結んで中に入れ込む

10

3 12目 14目 3目

8目 7目

12 まちつけどまり

立ち上がり位置

まつる

6目 5目 5目 4目

まつる（裏）

7目 9目

1・2 側面の編み方図

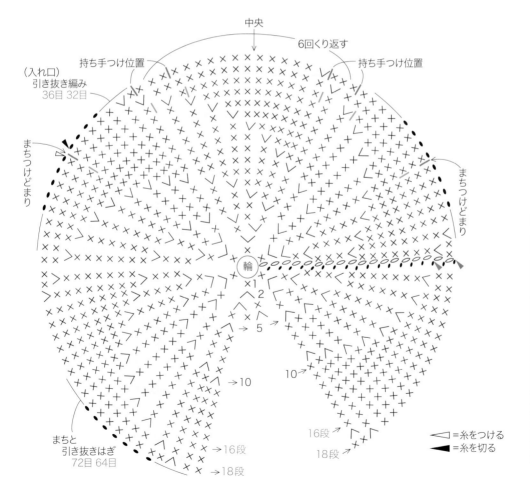

中央

6回くり返す

持ち手つけ位置

持ち手つけ位置

（入れ口）引き抜き編み 36目 32目

まちつけどまり

まちつけどまり

まちと引き抜きはぎ 72目 64目

◁＝糸をつける
◀＝糸を切る

1・2 側面の目数表

段数	目数	増し目数
18段	108目	6目
17段	102目	6目
16段	96目	6目
15段	90目	6目
14段	84目	6目
13段	78目	6目
12段	72目	6目
11段	66目	6目
10段	60目	6目
9段	54目	6目
8段	48目	6目
7段	42目	6目
6段	36目	6目
5段	30目	6目
4段	24目	6目
3段	18目	6目
2段	12目	6目
1段	6目	

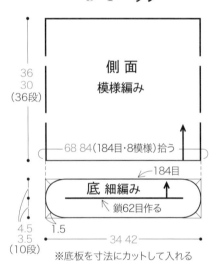

● 材料と用具

糸／**3** 合太タイプのスラブヤーン（25g巻）の紺を150g

糸／**4** オリムパス　シャポット（35g巻・約77m…並太タイプ）の9（オレンジ色）を300g（9カセ）

針／**3** 5/0号かぎ針　**4** 6/0号かぎ針

付属品／**3** に裏布を36×71cm・幅1cmのグログランリボンを40cm・内幅19×高さ14cmバンブータイプ持ち手を1組・底板を34×7cm

4 に裏布を44×85cm・底板を42×9cm

● ゲージ

3 模様編み1模様（8.5cm）12段（10cm）

4 模様編み1模様（10.5cm）10段（10cm）

● でき上がり寸法

3 口幅34cm　深さ30.5cm

4 口幅42cm　深さ36.5cm

● 編み方要点

★ 目数・段数は2点共通で、底・側面を輪に編みます。

❶ 底中央で鎖編みの作り目で62目作り、鎖編みの上下から細編みで目を拾い、左右で増し目をしながら各10段編みます。

❷ 側面は底の指定位置に糸をつけ、模様編みで輪の往復編みにして36段編みます。**3** は続けて入れ口回りを細編み1段で整えます。**4** は糸を切ります。

❸ **4** の持ち手は4箇所で6目拾って長編みで20段編み、最終段を巻きはぎ（1目）で合わせます。入れ口回りと持ち手の外側は前・後ろ面を続けて、入れ口中央と持ち手の内側は前と後ろ面に分けて、細編み1段で整えます。

❹ 裏布を作り、底板を中に入れてから、本体裏にまつりつけます。

3・4 バッグ

側 面
模様編み

68 84（184目・8模様）拾う

底 細編み
← 184目
↗ 鎖62目作る

36
30
（36段）

4.5
3.5
（10段）

1.5

34 42

※底板を寸法にカットして入れる

3 持ち手のつけ方

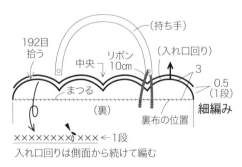

192目拾う

（持ち手）

リボン10cm

中央

（入れ口回り）

3

0.5（1段）

まつる

（裏）

細編み

裏布の位置

××××××××○×××　←1段

入れ口回りは側面から続けて編む

持ち手の穴にリボンを通し、本体の裏側に縫いとめる

3・4 裏布

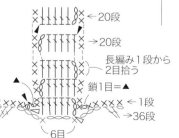

0.2

85
71

1　　36 44　　1

わ

4 持ち手の編み方

←20段

→20段

長編み1段から2目拾う

鎖1目＝▲

←1段
→36段

6目

4 持ち手

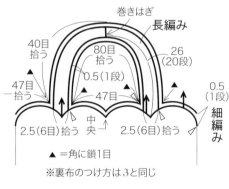

巻きはぎ

長編み

40目拾う

80目拾う

26（20段）

0.5（1段）

47目拾う

▲　47目　▲

0.5（1段）

細編み

2.5（6目）拾う　中央　2.5（6目）拾う

▲＝角に鎖1目

※裏布のつけ方は **3** と同じ

＜ ＝糸をつける

◀ ＝糸を切る

● 文字の青色は **3**、赤色は **4**、黒は共通です

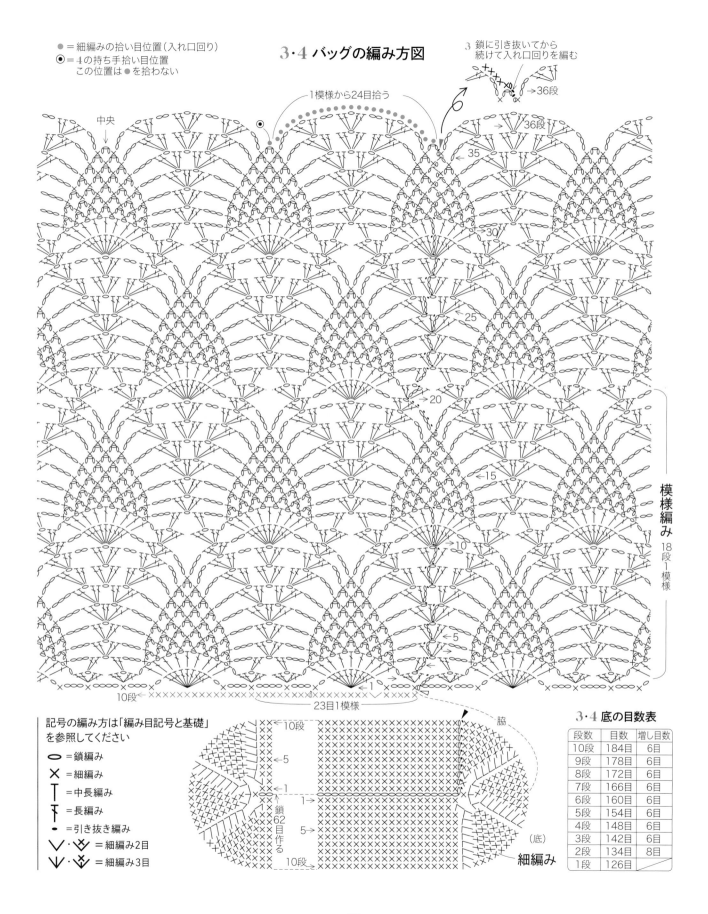

3・4 バッグの編み方図

● = 細編みの拾い目位置(入れ口回り)
◉ = 4の持ち手拾い目位置
　　この位置は●を拾わない

1模様から24目拾う

3 鎖に引き抜いてから
続けて入れ口回りを編む

→36段

→36段

←35

→30

←25

→20

←15

←10

→5

←1

中央

模様編み 18段1模様

23目1模様

10段 ←✕✕✕✕✕✕✕✕✕✕✕✕✕✕✕

記号の編み方は「編み目記号と基礎」
を参照してください

○ = 鎖編み
✕ = 細編み
T = 中長編み
F = 長編み
・ = 引き抜き編み
V・❤ = 細編み2目
V・❤ = 細編み3目

10段
←5
←1
↑鎖62目作る
5→
10段

脇

(底)

細編み

3・4 底の目数表

段数	目数	増し目数
10段	184目	6目
9段	178目	6目
8段	172目	6目
7段	166目	6目
6段	160目	6目
5段	154目	6目
4段	148目	6目
3段	142目	6目
2段	134目	8目
1段	126目	

5

6

5, 6 モチーフつなぎの Marche Bag | 作品8ページ

マルシェバッグ

● 材料と用具

糸／ **5** ダイヤモンド毛糸 ダイヤコスタソルベ
（30g巻・約144m…合太タイプ）の3105（黄
色系ミックス）を140g（5玉）

糸／ **6** ダイヤモンド毛糸 ダイヤニーノ（30g巻・
約122m…並太タイプ）の7405（ブルー）を
150g（5玉）、7401（生成り）を60g（2玉）

針／ **5** 4/0号・5/0号かぎ針 **6** 6/0号かぎ針

付属品／ **5** 太さ1.2cmのチェーン持ち手を1m・
裏布を44×44cm **6** 裏布を62×62cm

● ゲージ10cm四方

5 モチーフ1枚 6×6cm 細編み26目33段

6 モチーフ1枚 約8.5×約8.5cm
細編み17.5目20段

● でき上がり寸法

5 口幅28.5cm 深さ21cm

6 口幅42cm 深さ30cm

5・6 バッグ

★本体に裏布をつけてから入れ口、脇まちを編む。
裏布のつけ方は54ページ、55ページのまとめ図参照

6 入れ口、持ち手・脇まち
細編み ブルー

5 入れ口、脇まち
細編み （4/0号針）

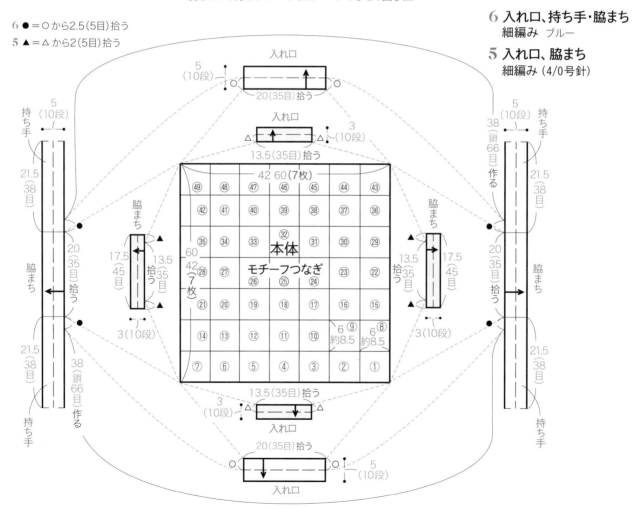

6 ●＝○から2.5（5目）拾う
5 ▲＝△から2（5目）拾う

● 文字の赤色は**5**、青色は**6**、黒は共通です　　　　　※**5**の本体は4/0号針で編む

● 編み方要点

★**5**は飾りひも以外は4/0号針で編みます。

❶ モチーフは鎖6目を輪にして6段編みますが、4段めのみ持ちかえて裏側を見て編みます。

❷ 2枚めからは隣り合うモチーフと引き抜いて番号順に49枚編みつなぎます。

❸ 本体を寸法に形を整えます。

❹ 裏布を寸法に折って本体裏にまつりつけます。

❺ 入れ口は細編みで、モチーフ7枚（①〜⑦、㊸〜㊾）から各35目拾い、それぞれ10段編みます。次に脇まちを編みますが、**5**は入れ口の5段とモチーフから目を拾い、脇まちを左右にそれぞれ10段編みます。**6**は入れ口の5段めに糸をつ

け、鎖編みの作り目で持ち手分の66目を上下に作り（※1段めは鎖の裏山を拾う）、脇まちに続けて輪に細編みを10段編みます。

❻ **5**は糸2本どりで飾りひもを約110cm編んでチェーンに通して長さをそろえてともに輪にします。

❼ **5**の入れ口は二つ折りにして引き抜きはぎにし、脇まちはチェーンを挟みながら、入れ口と同様にはぎ合わせます。

❽ **6**の入れ口と脇まちは二つ折りにして1段めにまつります。

❾ **5**の入れ口、**6**は入れ口と脇まちに分けて共糸2本どりを通して、入れ口を寸法にいせ込みます。

❿ **5**は入れ口端を脇まちにまつります。

⓫ **6**は入れ口端を脇まちまつりながら、持ち手分を巻きはぎ（※作り目と10段めの頭2本をすくう）で合わせます。

5・6 モチーフの編み方とつなぎ方

★**6**は3段めを生成り、そのほかの段はブルーで編む

◀=糸を切る

※4段めは裏を見て編み、細編みは
2段めの細編み（✕）に編みつける（前段の鎖は編みくるまない）

モチーフの編みつなぎ方
（引き抜き編みでつなぐ場合）

1枚め

2枚め

モチーフ角のつなぎ方

2枚め　1枚め

※3枚めからは2枚めの
引き抜き編み目（◉）につなぐ

記号の編み方は
「編み目記号と基礎」
を参照してください

◯ =鎖編み

✕ =細編み

╀ =長編み

Ⱳ =長編み2目

・ =引き抜き編み

∧・⋀ =細編み2目一度

53

5 入れ口と脇まちの編み方

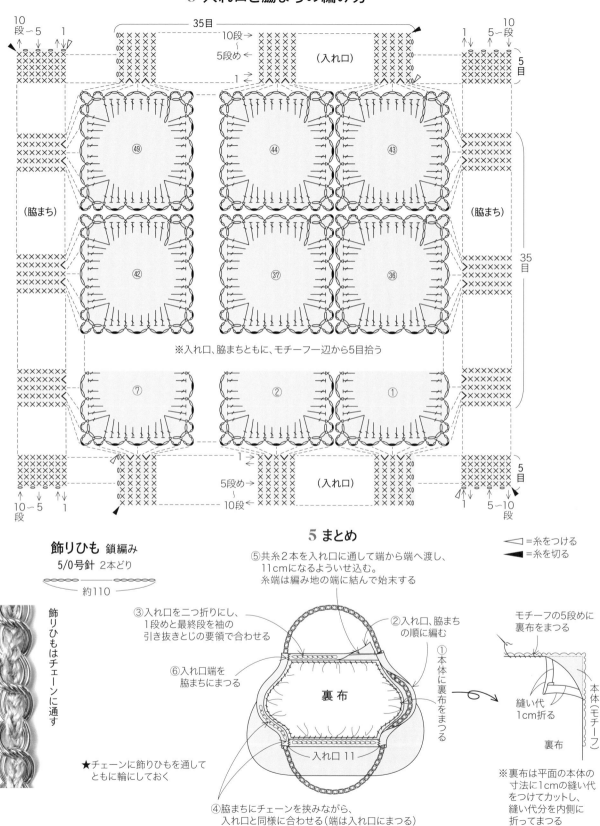

※入れ口、脇まちともに、モチーフ一辺から5目拾う

35目

10段〜5 1
5目

49 44 43

(脇まち) (脇まち)

42 37 36

7 2 1

(入れ口)

5目

↑↓ ↑↑ ↓↓
10〜5 1
段

飾りひも 鎖編み
5/0号針 2本どり

約110

飾りひもはチェーンに通す

★チェーンに飾りひもを通して
ともに輪にしておく

5 まとめ

⑤共糸2本を入れ口に通して端から端へ渡し、
11cmになるよういせ込む。
糸端は編み地の端に結んで始末する

③入れ口を二つ折りにし、
1段と最終段を袖の
引き抜きとじの要領で合わせる

②入れ口、脇まち
の順に編む

⑥入れ口端を
脇まちにまつる

①本体に裏布を
まつる

裏布

④脇まちにチェーンを挟みながら、
入れ口と同様に合わせる(端は入れ口にまつる)

入れ口 11

⊐=糸をつける
◀=糸を切る

モチーフの5段めに
裏布をまつる

縫い代
1cm折る

本体(モチーフ)

裏布

※裏布は平面の本体の
寸法に1cmの縫い代
をつけてカットし、
縫い代分を内側に
折ってまつる

6 入れ口、脇まちの目の拾い方と持ち手の編み方　★すべてブルーで編む

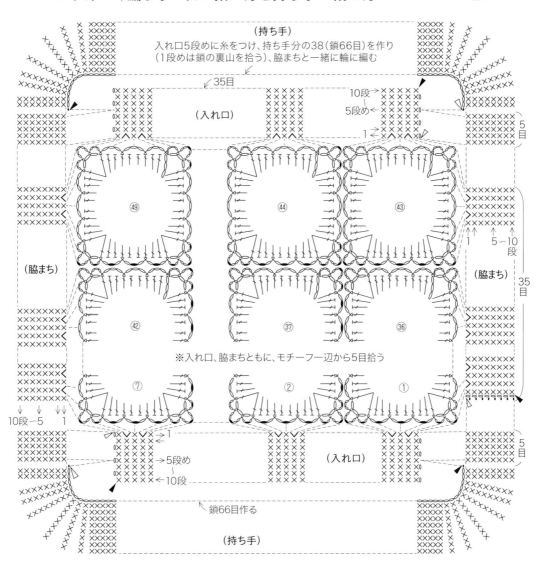

（持ち手）
入れ口5段めに糸をつけ、持ち手分の38（鎖66目）を作り
（1段めは鎖の裏山を拾う）、脇まちと一緒に輪に編む

35目

（入れ口）
10段→
5段め←

↑1

5目

49　44　43

（脇まち）　　　　　　　　　　　（脇まち）

↑1　5〜10段

35目

42　37　36

※入れ口、脇まちともに、モチーフ一辺から5目拾う

7　2　1

10段−5　1

←1
5段め〜
←10段

5目

（入れ口）

鎖66目作る

（持ち手）

6 まとめ

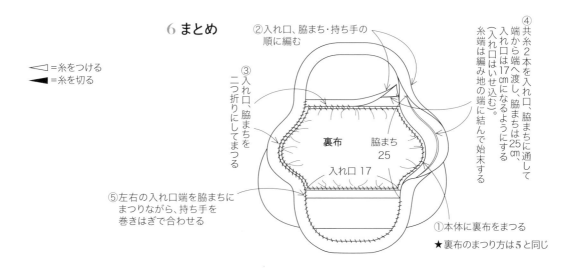

▷—＝糸をつける
◀—＝糸を切る

②入れ口、脇まち・持ち手の
　順に編む

③入れ口、
　脇まちを
　二つ折りにしてまつる

④共糸2本を入れ口、脇まちに通して
端から端へ渡し、脇まちは25㎝、
入れ口は17㎝になるようにする
（入れ口はいせ込む）。
糸端は編み地の端に結んで始末する

裏布　脇まち
　　　　25

入れ口 17

⑤左右の入れ口端を脇まちに
　まつりながら、持ち手を
　巻きはぎで合わせる

①本体に裏布をまつる

★裏布のまつり方は**5**と同じ

7

8

9

7, 8, 9　モチーフポイントの Tote Bag（トートバッグ） ┃ 作品 10ページ

● 材料と用具

糸／**7** 藤久　ウイスタークロッシェジュート〈細カラー〉（約35m…極太タイプ）の5（グリーン）を（6玉）
ウイスタープレミアムレース糸ソフティーナチュラル（25g巻・約110m…合細タイプ）の401（オフホワイト）を20g（1玉）

糸／**8** ニッケビクター毛糸　ニッケ優華（ゆうか）（30g巻・約99m…並太タイプ）の210（黒）を45g（2玉）

糸／**9** ダイヤモンド毛糸　マスターシードコットン〈クロッシェ〉（30g巻・約142m…合細タイプ）の301（白）を15g（1玉）

針／**7** 8/0号・2/0号かぎ針　**8** 5/0号かぎ針
9 2/0号かぎ針

付属品／**8**・**9** に市販のバックを各1個（サイズは図参照）

33(43目) 36(67目) 37.5(45目)

7・23・24 バッグ

側面 細編み

7 8/0号針　グリーンで編む

21(27段)
32.5(65段)
19(27段)

66(86目) 72(134目) 75(90目) 拾う

6目　　30目 54目 32目　　7目

底 細編み

5.5
3.5(7段)
5

11
7
10
(13目)

鎖18目42目20目作る

23(30目)29(54目)26.5(32目)

7・8・9 モチーフ

★ **7** はオフホワイト、2/0号針で編む（3点共通 各10枚）

4段
7目
3
6目
1
6目
輪

7
10
6.5

7・23・24 バッグの編み方図

◀ ＝糸を切る

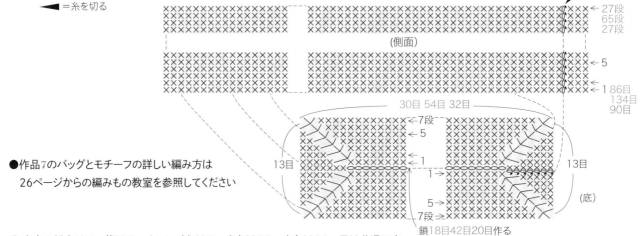

(側面)

27段
65段
27段

← 5

← 1　86目
134目
90目

30目 54目 32目

7段
← 5
← 1
1 →
5 →
7段

13目

13目

(底)

鎖18目42目20目作る

● 作品**7**のバッグとモチーフの詳しい編み方は26ページからの編みもの教室を参照してください

● 文字の緑色は**7**、紫は**8**、オレンジ色は**9**、青色は**23**、赤色は**24**、黒は共通です

56

● ゲージ10cm四方

7　細編み13目14段（底・側面）モチーフ1枚6.5×6.5cm

8　モチーフ1枚10×10cm　9　モチーフ1枚7×7cm

● でき上がり寸法

7　口幅33cm　深さ19cm　8・9　まとめ図参照

● 編み方要点

★緑色は7、青色は23、赤色は24、黒は共通です。
★7・23・24はバッグを底・側面の順に細編みで輪に編みます。

❶ 底中央で鎖編みの作り目で18目42目20目作り、鎖編みの上下から目を拾い、左右で目を増しながら各7段編みます。

❷ 側面は底から目を拾い、27段65段27段を増減く編みます。

❸ 7と23は持ち手を細編みで各2本編んでまとめます。

❹ 7・8・9はモチーフを編みます。糸輪の作り目で輪に4段編み、各10枚を指定の形にモチーフつなぎで合わせて本体にまつりつけ、8はモチーフ下にタッセルをつけます。

❺ 7・23・24は持ち手をつけます。

❻ 23チャームの玉飾りは、糸輪の作り目で編み始めます。図を参照してまとめ、持ち手につけます。

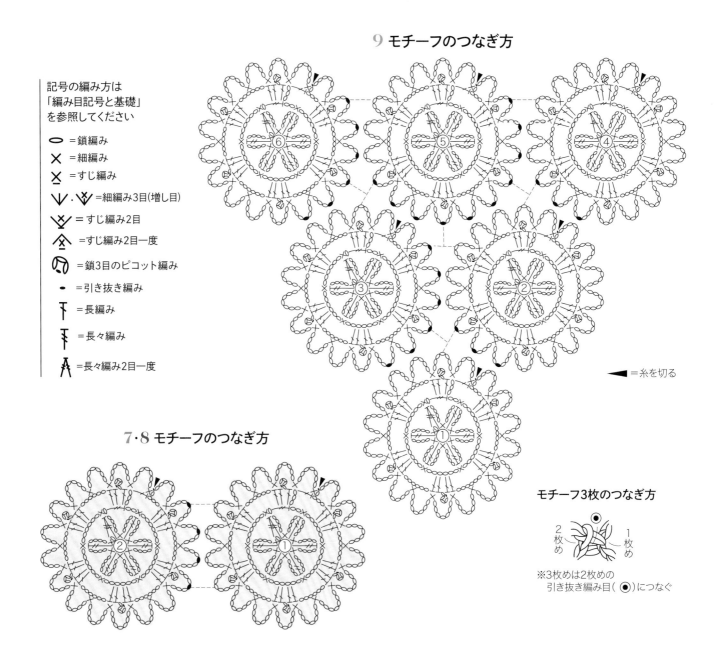

記号の編み方は
「編み目記号と基礎」
を参照してください

⌒ ＝鎖編み
✕ ＝細編み
✕ ＝すじ編み
Ⅴ・Ⅶ ＝細編み3目（増し目）
Ⅶ ＝すじ編み2目
⩓ ＝すじ編み2目一度
🔄 ＝鎖3目のピコット編み
・ ＝引き抜き編み
𝐓 ＝長編み
𝐓 ＝長々編み
𝐀 ＝長々編み2目一度

9 モチーフのつなぎ方

◀＝糸を切る

7・8 モチーフのつなぎ方

モチーフ3枚のつなぎ方

※3枚めは2枚めの
引き抜き編み目（◉）につなぐ

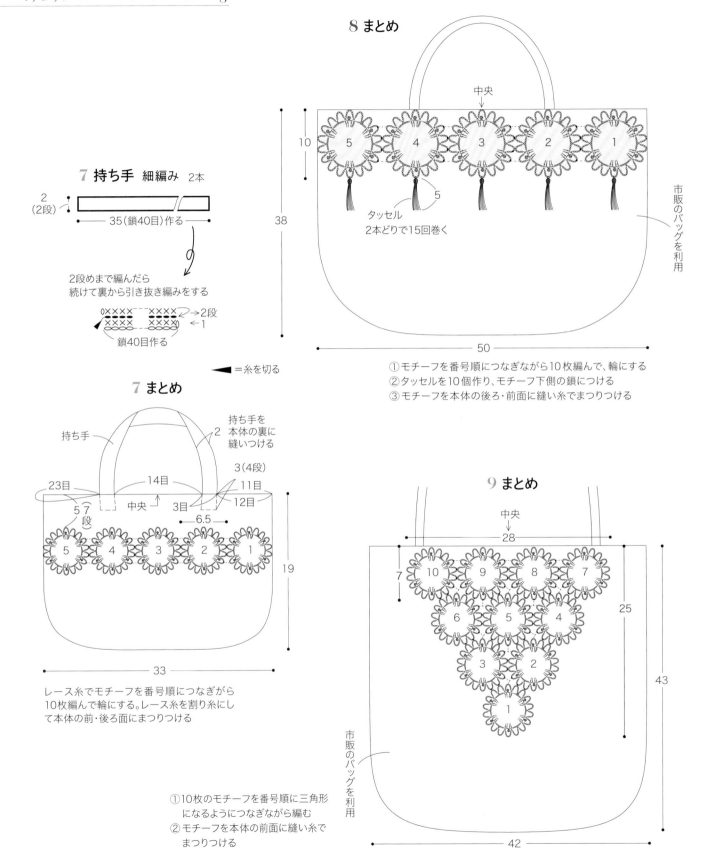

8 まとめ

中央

10

38

50

タッセル
2本どりで15回巻く

5

市販のバッグを利用

①モチーフを番号順につなぎながら10枚編んで、輪にする
②タッセルを10個作り、モチーフ下側の鎖につける
③モチーフを本体の後ろ・前面に縫い糸でまつりつける

7 持ち手 細編み 2本

2
(2段)

35(鎖40目)作る

2段めまで編んだら
続けて裏から引き抜き編みをする

0✕✕✕✕　　✕✕✕✕ →2段
✕✕✕✕　　✕✕✕✕ ←1
鎖40目作る

▶=糸を切る

7 まとめ

持ち手

持ち手を
本体の裏に
縫いつける

2

23目

14目

11目

中央

3目

12目

3(4段)

5 7段

6.5

5　4　3　2　1

19

33

レース糸でモチーフを番号順につなぎがら
10枚編んで輪にする。レース糸を割り糸にし
て本体の前・後ろ面にまつりつける

①10枚のモチーフを番号順に三角形
になるようにつなぎながら編む
②モチーフを本体の前面に縫い糸で
まつりつける

9 まとめ

中央

28

7

10　9　8　7

6　5　4

3　2

1

25

43

42

市販のバッグを利用

23, 24　細編みの Stylish & Casual Bag | 作品18ページ

● 材料と用具

糸／**23**　並太タイプのデニムヤーン（100g巻・約200m）の水色を260g

糸／**24**　超極太タイプのテープヤーン（200g巻・約115m）の黒×シルバーを400g

針／**23**　6/0号かぎ針　**24**　10/0号かぎ針

付属品／**24**に内幅10×高さ11cmの持ち手を1組

● ゲージ10cm四方

23　細編み18.5目20段（底・側面）

24　細編み12目13段

● でき上がり寸法

23　口幅36cm　深さ32.5cm

24　口幅37.5cm　深さ21cm

● **バッグの製図は56ページ、編み方要点は57ページにあります**

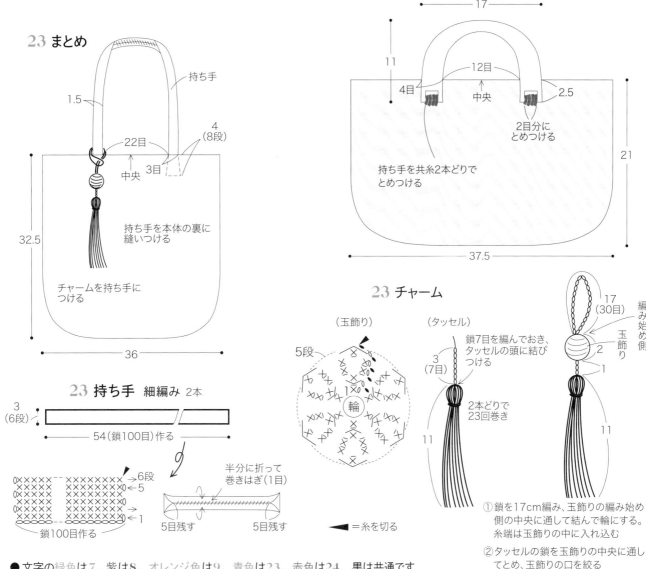

23 まとめ

持ち手
1.5
22目
中央
3目
4（8段）
32.5
持ち手を本体の裏に縫いつける
チャームを持ち手につける
36

24 まとめ

17
11
12目
4目　中央　2.5
2目分にとめつける
21
持ち手を共糸2本どりでとめつける
37.5

23 持ち手 細編み 2本

3（6段）
54（鎖100目）作る
6段
5
1
鎖100目作る
半分に折って巻きはぎ（1目）
5目残す　　5目残す
◀ ＝糸を切る

23 チャーム

（玉飾り）
5段
輪
1

（タッセル）
鎖7目を編んでおき、タッセルの頭に結びつける
3（7目）
2本どりで23回巻き
11

17（30目）
編み始め側
玉飾り
2
1
11

① 鎖を17cm編み、玉飾りの編み始め側の中央に通して結んで輪にする。糸端は玉飾りの中に入れ込む

② タッセルの鎖を玉飾りの中央に通してとめ、玉飾りの口を絞る

● 文字の緑色は**7**、紫は**8**、オレンジ色は**9**、青色は**23**、赤色は**24**、黒は共通です

10, 11　持ち手続きの Square Bag（スクエアバッグ）　｜作品12ページ

● 材料と用具

糸／ **10** 藤久　ウイスタークロッシェジュート〈細カラー〉（約35m…極太タイプ）の5（黄緑色）を6玉

糸／ **11** 超極太タイプの麻クラフトヤーン（50g巻・約31m）のベージュ×ピンク・グリーンのミックスを380g

針／ **10・11**共通　8/0号かぎ針

● ゲージ10cm四方

10　細編み13.5目14.5段

11　細編み12目12.5段

● でき上がり寸法

10　口幅33.5cm　深さ18cm

11　口幅41cm　深さ21cm

10・11 バッグ

★すべて細編みで編む

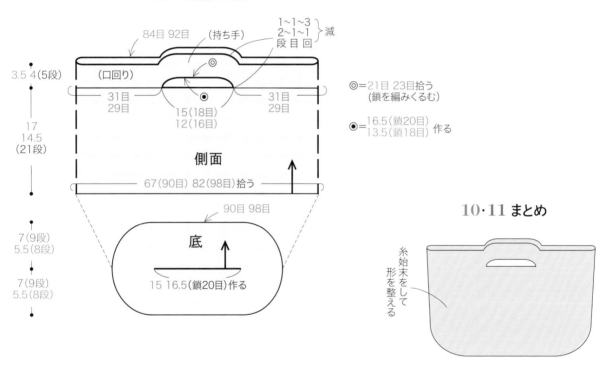

84目 92目　（持ち手）

1～1～3
2～1～1 ｝減
段目回

3.5 4(5段)

（口回り）

◎=21目 23目拾う
（鎖を編みくるむ）

◉=16.5（鎖20目）
13.5（鎖18目）作る

31目
29目

15(18目)
12(16目)

31目
29目

17
14.5
(21段)

側面

67(90目) 82(98目)拾う

7(9段)
5.5(8段)

90目 98目

底

7(9段)
5.5(8段)

15 16.5（鎖20目）作る

10・11 まとめ

糸始末をして形を整える

記号の編み方は
「編み目記号と基礎」を参照してください

⬯ =鎖編み　　　∧・⋀ =細編み2目一度　　　● =引き抜き編み

✕ =細編み　　　∨・⩛ =細編み2目（増し目）

● 文字の緑色は**10**、赤色は**11**、黒は共通です

● 編み方要点

★ 緑色は**10**、赤色は**11**、黒は共通です。

❶ 底中央で鎖編みの作り目で20目作り、作り目の上下から細編みで目を拾い、左右の端で目を増しながら各8段9段編みます。

❷ 続けて立ち上がりを脇にして側面は細編みで90目98目拾い、増減なく輪に21段編みます。糸はそのまま休めておきます。

❸ 側面中央の前・後ろ面の指定位置に新たに糸をつけ、持ち手分の鎖編みを18目20目作ります。

❹ 休めた糸で、口回りに続けて持ち手分の鎖の目から細編みで21目23目拾い（※鎖の目を編みくるむ）ます。持ち手は左右の端で目を減らしながら、口回りと持ち手を輪にして細編みを5段編みます。

10・11 バッグの編み方図

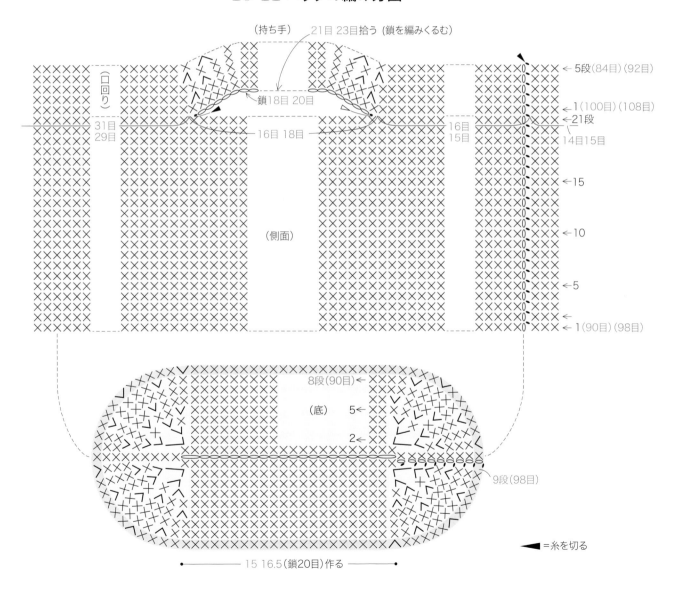

（持ち手） 21目 23目拾う（鎖を編みくるむ）

鎖18目 20目

（口回り）

31目 29目

16目 18目

16目 15目

（側面）

←5段（84目）（92目）
←1（100目）（108目）
←21段
14目15目
←15
←10
←5
←1（90目）（98目）

8段（90目）←
（底）
5←
2←
9段（98目）

15 16.5（鎖20目）作る

◀ ＝糸を切る

作品14ページ

12, 13, 14　配色モチーフの Petit Bag & Pouch
プチバッグ＆ポーチ

● 材料と用具

糸／12・13・14共通　DMC ハッピーコットン（20g
　　巻・約43m…並太タイプ）
　★色番号・色名・使用量・玉数は図中の表組を参照
針／12・13・14共通　5/0号かぎ針
付属品／ファスナー長さ17cmを13にピンク・14にブ
　　ルーを各1本

● ゲージ

12・13・14共通　モチーフ1枚 6×6cm

● でき上がり寸法

12　口幅24cm　深さ20cm
13・14共通　口幅18cm　深さ12cm

12 バッグ　モチーフつなぎ

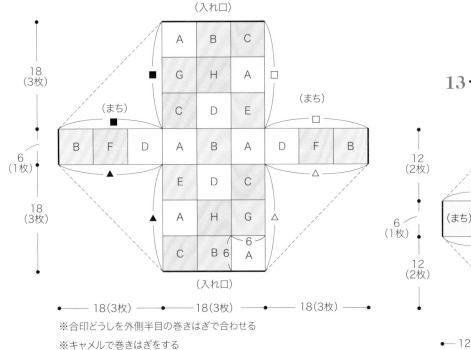

（入れ口）
18（3枚）

※合印どうしを外側半目の巻きはぎで合わせる
※キャメルで巻きはぎをする

13・14 ポーチ　モチーフつなぎ

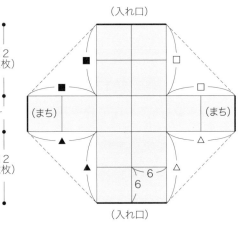

（入れ口）

6（1枚）　12（2枚）

12（2枚）　12（2枚）　12（2枚）

※合印どうしを外側半目の巻きはぎで合わせる
※作品13はピンク、14はブルーで巻きはぎをする

12 持ち手　うね編み
キャメル 2本

2（4段）
29（鎖60目）作る

編み方
→4段
←3
→2
←1

☓ ＝前段の頭向こう側半目を
　　拾って細編み

● 作品12・13のモチーフの詳しい編み方と
　はぎ方は32ページからの編みもの教室を
　参照してください

◀ ＝糸を切る

● 文字の緑色は12、赤色は13、青色は14、黒は共通です

62

● 編み方要点

❶ モチーフは糸輪の作り目にし、長編みと鎖編みで各指定の配色で3段編みます。

❷ 12・13は1段ごとに糸を切って色がえをしますが、14は1段めの糸を2段めの立ち上がりに絡めながら3段めに糸を渡して編みます。

❸ モチーフすべての糸端の始末をします。

❹ 指定のモチーフを配置し、12はキャメル・13はピンク・14はブルーで表を見て外側半目の巻きはぎで合わせます。

❺ 12の入れ口はうね編み4段を輪の往復編みにします（※引き抜いて裏返し、毎段前段の頭向こう側半目をすくう）。

❻ 13・14の入れ口は細編み1段で整え、入れ口にファスナーを細編みの足と頭の境目に縫いつけて仕上げます。

❼ 12は持ち手を鎖編みの作り目で60目作り、うね編み4段で2本編みます。図を参照して、入れ口裏にまつりつけます。

12・13・14 糸の使用量

色番	色名	使用量／玉数
	776	キャメル	37g／2玉
	752	黄緑	14g／1玉
	759	グレー	13g／1玉
	767	ブルーグレー	10g／1玉
	780	オリーブグリーン	8g／1玉
12	797	スカイブルー	7g／1玉
	795	パープル	6g／1玉
	790	オレンジ色	6g／1玉
	756	バイオレット	5g／1玉
	793	サーモンピンク	5g／1玉
	794	マスタード色	5g／1玉
	764	ピンク	28g／2玉
13	763	淡ピンク	17g／1玉
	799	濃ピンク	9g／1玉
14	751	ブルー	37g／2玉
	786	ターコイズ	15g／1玉

12・13 モチーフ

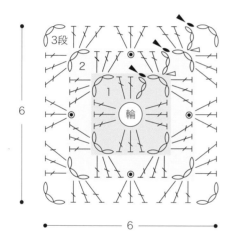

◉ ＝3段めの長編み3目は2段めの長編みと長編みの間に編み入れる

◁ ＝糸をつける
◀ ＝糸を切る

14 モチーフ

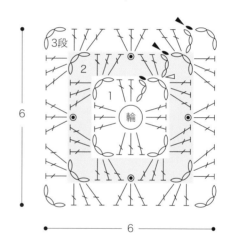

※作品14は1段めの糸を切らずに2段めに糸を絡めながら3段めに渡す

◉ ＝3段めの長編み3目は2段めの長編みと長編みの間に編み入れる

12・13・14 モチーフの配色と枚数

		1段め	2段め	3段め	枚数
	A	オレンジ色	オリーブグリーン	ブルーグレー	6枚
	B	バイオレット	黄緑	キャメル	5枚
	C	マスタード色	パープル	グレー	4枚
	D	サーモンピンク	スカイブルー	黄緑	4枚
12	E	黄緑	バイオレット	キャメル	2枚
	F	パープル	マスタード色	グレー	2枚
	G	オリーブグリーン	オレンジ色	キャメル	2枚
	H	スカイブルー	サーモンピンク	グレー	2枚
13		濃ピンク	淡ピンク	ピンク	14枚
14		ブルー	ターコイズ	ブルー	14枚

記号の編み方は「編み目記号と基礎」を参照してください

○ ＝鎖編み　　　┬ ＝長編み
× ＝細編み　　　• ＝引き抜き編み
⨉ ＝うね編み

12 入れ口
うね編み キャメル

持ち手を裏側に
まつりつける

2
(4段)

2

11目

23目

4目　17目　4目

12目

96目拾う

外側半目の巻きはぎ

13・14 入れ口
細編み ピンク ブルー

ファスナーを裏側で
細編みに縫いつける

0.5
(1段)

72目拾う

外側半目の巻きはぎ

◁＝糸をつける
◀＝糸を切る

12 うね編み (入れ口)　✕＝前段の頭向こう側半目を拾って細編み

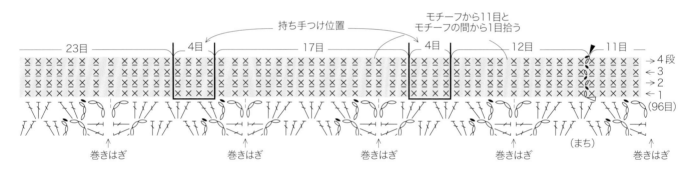

持ち手つけ位置

モチーフから11目と
モチーフの間から1目拾う

23目　　4目　　　17目　　　4目　　　12目　　11目

→4段
←3
←2
←1
(96目)

巻きはぎ　　巻きはぎ　　巻きはぎ　　巻きはぎ　(まち)　　巻きはぎ

13・14 細編み (入れ口)

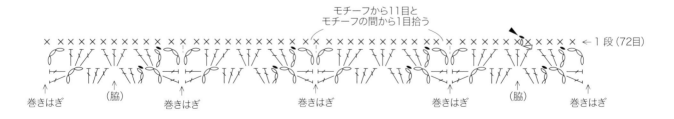

モチーフから11目と
モチーフの間から1目拾う

←1段 (72目)

巻きはぎ　(脇)　巻きはぎ　　巻きはぎ　　巻きはぎ　(脇)　巻きはぎ

●文字の緑色は12、赤色は13、青色は14、黒は共通です

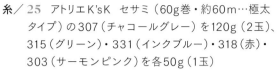

25, 26　変わりBorder Bag　ボーダーバッグ ｜ 作品20ページ

● 材料と用具

糸／ **25**　アトリエK'sK　セサミ（60g巻・約60m…極太タイプ）の307（チャコールグレー）を120g（2玉）、315（グリーン）・331（インクブルー）・318（赤）・303（サーモンピンク）を各50g（1玉）

糸／ **26**　アトリエK'sK　セサミ（60g巻・約60m…極太タイプ）の330（焦げ茶）・336（ベージュ）・337（グレー）を各60g（1玉）、307（チャコールグレー）を55g（1玉）、301（オフホワイト）を50g（1玉）

針／ **25・26**共通　8/0号かぎ針

● ゲージ10cm四方

25・26共通　細編み・細編み縞12.5目13段
A模様縞・A'模様縞11.5目7.5段

● でき上がり寸法

25　口幅34cm　深さ32cm
26　口幅36.5cm　深さ22.5cm

●編み方要点は66ページにあります

25 バッグ

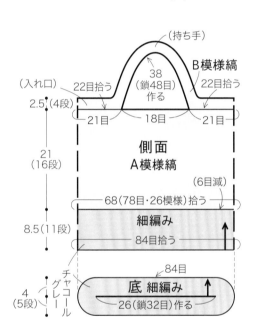

（持ち手）
38（鎖48目）作る
B模様縞
（入れ口）
22目拾う　　22目拾う
2.5（4段）
21目　　18目　　21目
（6目減）
21（16段）
側面
A模様縞
68（78目・26模様）拾う
8.5（11段）
細編み
84目拾う
チャコールグレー
84目
底 細編み
4（5段）
26（鎖32目）作る

26 バッグ

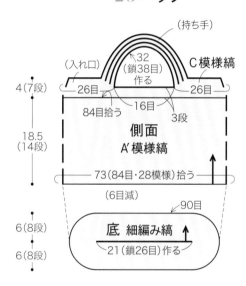

（持ち手）
32（鎖38目）作る
C模様縞
（入れ口）
4（7段）　26目　　　26目
84目拾う　　16目　　3段
18.5（14段）
側面
A'模様縞
73（84目・28模様）拾う
（6目減）
6（8段）
90目
底 細編み縞
6（8段）
21（鎖26目）作る

タッセル口ひも　2組

（焦げ茶・ベージュで1組、オフホワイト・チャコールグレーで1組）

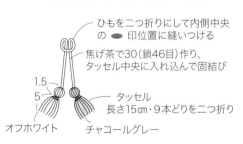

ひもを二つ折りにして内側中央の ● 印位置に縫いつける

焦げ茶で30（鎖46目）作り、タッセル中央に入れ込んで固結び

1.5
5
タッセル
長さ15cm・9本どりを二つ折り
オフホワイト　　チャコールグレー

※側面の前・後ろのタッセル口ひもで入れ口を好みに結ぶ

26 まとめ

タッセル口ひもつけ位置
ひもは焦げ茶で編む
焦げ茶　　ベージュ

※反対側のタッセルはチャコールグレーとオフホワイトで作る

●文字の赤色は25、青色は26、黒は共通です

● 編み方要点

★ 赤色は**25**、青色は**26**、黒は共通です。
★ 縞の色かえは最終段で引き抜くときに糸をつけ、前段の糸を切って糸端を編みくるみながら編み進めます。
★ 底は一方向に、側面は往復編みでともに輪に編みます。

❶ 底中央で鎖みの作り目で32目26目作り、細編みの左右で目を増しながら指定色で5段8段編みます。

❷ 側面は底から目を拾います。**25**は細編みとA模様縞で編みますが、細編みはそのままの目数（84目）を拾い、増減なく11段編みます。続けてA模様縞の1段めで6目減らしなが

ら26模様拾い、増減なく16段編みます。**26**はA'模様縞の1段めで6目減らしながら28模様拾い、増減なく14段編みます。

❸ 入れ口と持ち手は**25・26**ともに一方向で輪に編みます。**25**はB模様縞で4段編みます。入れ口部分は側面から目を拾い、持ち手部分は鎖編みの作り目にします。**26**はC模様縞で7段編みます。側面から目を拾い、4段めから7段までの持ち手部分を鎖編みにかえて編みます。

❹ **26**は指定色で鎖編みのひも2本とタッセルを4個作り、タッセル口ひもを2組作ります。側面の前・後ろ内側の指定位置に縫いつけて、入れ口を好みに結びます。

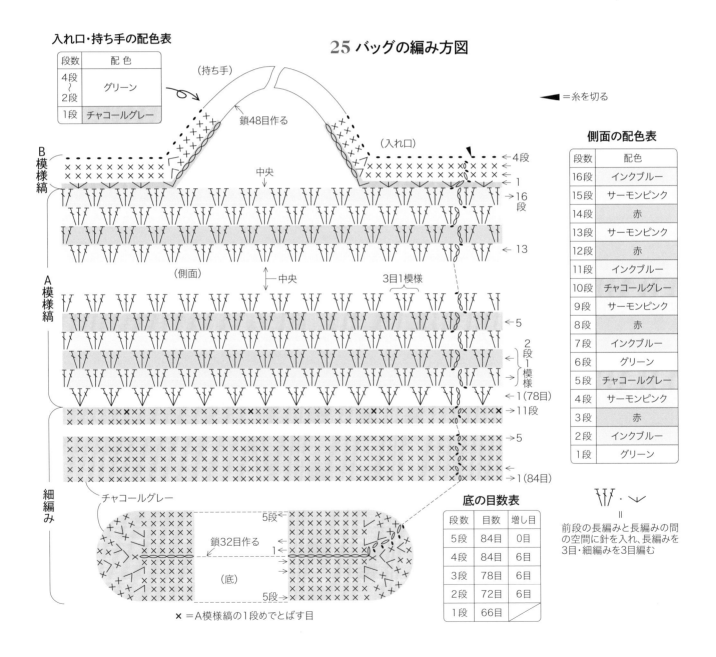

入れ口・持ち手の配色表

段数	配色
4段〜2段	グリーン
1段	チャコールグレー

25 バッグの編み方図

◀ ＝糸を切る

側面の配色表

段数	配色
16段	インクブルー
15段	サーモンピンク
14段	赤
13段	サーモンピンク
12段	赤
11段	インクブルー
10段	チャコールグレー
9段	サーモンピンク
8段	赤
7段	インクブルー
6段	グリーン
5段	チャコールグレー
4段	サーモンピンク
3段	赤
2段	インクブルー
1段	グリーン

底の目数表

段数	目数	増し目
5段	84目	0目
4段	84目	6目
3段	78目	6目
2段	72目	6目
1段	66目	

前段の長編みと長編みの間の空間に針を入れ、長編みを3目・細編みを3目編む

✕ ＝A模様縞の1段めでとばす目

26 バッグの編み方図

(持ち手)

◎ のみ引き抜き編み

◀ =糸を切る

● =タッセル口ひものつけ位置

鎖38目作る

(入れ口)

C 模様縞

←7段
←5
←4段め
16目
中央

×印 ×印 ... ←1(84目)
→14段
→12

(側面)

中央

3目1模様

A' 模様縞

←5

2段1模様

←1
(84目)

細編み縞

8段←
5
鎖26目作る
1
(底)
5
8段→

90目

入れ口・持ち手の配色表

段数	配色
7段	グレー
6段	オフホワイト
5段	ベージュ
4段 ～ 1段	焦げ茶

側面の配色表

段数	配色
14段	チャコールグレー
13段	グレー
12段	オフホワイト
11段	グレー
10段	ベージュ
9段	オフホワイト
8段	グレー
7段	ベージュ
6段	チャコールグレー
5段	焦げ茶
4段	ベージュ
3段	チャコールグレー
2段	焦げ茶
1段	ベージュ

底の目数と配色表（底）

段数	目数	増し目	配色
8段	90目	0目	オフホワイト
7段	90目	6目	オフホワイト
6段	84目	6目	グレー
5段	78目	6目	グレー
4段	72目	6目	チャコールグレー
3段	66目	6目	チャコールグレー
2段	60目	6目	焦げ茶
1段	54目		焦げ茶

× =A'模様縞の1段めでとばす目

= 前段の長編みと長編みの間の空間に針を入れ、長編みを3目・細編みを3目編む

記号の編み方は「編み目記号と基礎」を参照してください

○ =鎖編み

× =細編み

∨・∨ =細編み2目

∨・∨ =細編み3目（増し目）

∧・∧ =細編み2目一度

⊤ =長編み

・ =引き抜き編み

⊑ =引き抜き編みのすじ編み

● 文字の赤色は**25**、青色は**26**、黒は共通です

15, 16, 17, 18, 19　キュートな色のAccessory case（小もの入れ）

作品15ページ

15　19　16　17　18

● 材料と用具

糸／**15・16・17・18**共通　並太タイプのコットンヤーン（50g巻・約51m）

15に黄色系段染めを45g

16に水色を45g

17にピンクを25g

18にベージュ×生成り段染めを25g

糸／**19**　並太タイプのコットンヤーン（200g巻・約339m）のカラーミックスを50g

針／**15・16・17・18**共通　7/0号かぎ針

19　5/0号かぎ針

付属品／**15・16**に幅約7.8×高さ約4.4cmの穴あき口金を各1個

17・18に幅7.5×高さ約4cmの口金を各1個

19に長さ15cmのファスナー

● ゲージ10cm四方

15・16共通　細編み16目19段

17・18共通　モチーフ1枚 8×10.5cm

19　細編み22目25.5段

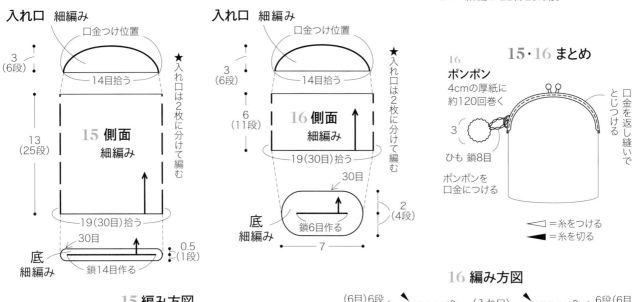

入れ口　細編み

口金つけ位置

14目拾う

3（6段）

★入れ口は2枚に分けて編む

15 側面
細編み

13（25段）

19（30目）拾う

30目

底
細編み

鎖14目作る

0.5（1段）

入れ口　細編み

口金つけ位置

14目拾う

3（6段）

6（11段）

★入れ口は2枚に分けて編む

16 側面
細編み

19（30目）拾う

30目

底
細編み

鎖6目作る

2（4段）

7

15・16 まとめ

16

ポンポン
4cmの厚紙に約120回巻く

3

ひも　鎖8目

ポンポンを口金につける

口金を返し縫いでとじつける

◁ ＝糸をつける

◀ ＝糸を切る

15 編み方図

6段（6目）　（入れ口）　6段（6目）

5

1→0　0←1

（14目）　（14目）

細編み

（側面）

25段

10

5

1（30目）

（底）
細編み

30目

1段

鎖14目

★側面の1段めのみすじ編み

16 編み方図

（6目）6段　（入れ口）　6段（6目）

5　5

1→0　0←1

（14目）　（14目）

細編み

11段

10

側面

5

1

（30目）

←4段

30目

（底）
細編み

4段

鎖6目

★側面の1段めのみすじ編み

● 文字のオレンジ色は**15**、緑色は**16**、赤色は**17**、茶色は**18**、青色は**19**、黒は共通です

● でき上がり寸法

15 口幅9.5cm 深さ16cm　16 口幅9.5cm 深さ9cm

17・18共通 口幅8cm 深さ10.5cm　19 口幅16cm 深さ9cm

● 編み方要点

★15・16は細編みで入れ口以外は輪に編みます。

❶ 15・16・19は鎖編みの作り目にし、底中央から側面へと編みますが、側面の1段めはすじ編みで底から目を拾います。底は輪で一方向、側面は輪で往復に編みます。

❷ 15・16は入れ口を2枚に分けて編み、口金を返し縫いでつけます。

❸ 19はファスナーを返し縫いでつけます。

❹ 17・18は糸輪の作り目で、本体のモチーフを同形に各2枚編みます。3段は入れ口側、4段は底側になります。底側の20目を巻きはぎ（1目）で合わせ、口金をつけます。

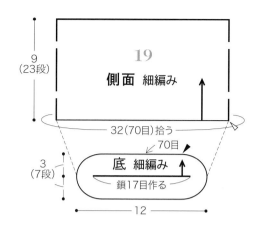

17・18 本体の編み方図

★同形に2枚編む

3段め　中長編み40目
2段め　長編み32目
1段め　長編み16目

8

10.5

底側20目　　4段

17・18 まとめ

口金をつける
（挟み込むタイプ）

巻きはぎ

◁＝糸をつける
◀＝糸を切る

19 編み方図

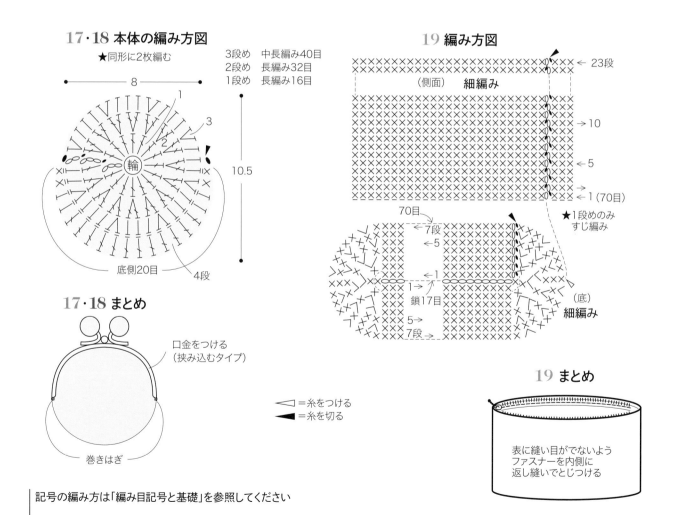

（側面）細編み

←23段

→10

→5

→1（70目）

★1段めのみ
すじ編み

70目

7段
←5
←1
鎖17目

（底）
細編み

1→
5→
7段→

19 まとめ

表に縫い目がでないよう
ファスナーを内側に
返し縫いでとじつける

記号の編み方は「編み目記号と基礎」を参照してください

⌒＝鎖編み　•＝引き抜き編み　T・Ŧ＝中長編み・すじ編み　∧・⋀＝細編み2目一度

✕・✕＝細編み・すじ編み　Ŧ・Ŧ＝長編み・すじ編み　∨・⋁＝細編み2目（増し目）

69

20, 21, 22　折りたためるEco Bag（エコバッグ）　|　作品 16ページ

● 材料と用具

糸／ **20**　DMC ハッピーコットン（20g巻・約43m…並太タイプ）の789（赤）を95g（5玉）

糸／ **21**　並太タイプの麻クラフトヤーン（25g巻・約46m）の薄渋い黄緑を65g・濃い灰茶を30g・濃いオリーブ色を10g

糸／ **22**　並太タイプの麻クラフトヤーン（25g巻・約46m）のベージュを110g　合太タイプのテープヤーン（40g巻・約78m）の黒を10g

針／ **20**　5/0号かぎ針　**21・22** 共通　6/0号かぎ針
付属品／ **22**にクロバー「花あみルームmini〈ミニ〉」

● ゲージ10cm四方

ネット編み **20**　8山16段　**21・22** 共通　7.5山15.5段

● でき上がり寸法

20　口幅25cm　深さ22cm
21・22 共通　口幅26.5cm　深さ23.5cm

20・21・22 バッグ

20・21・22 底と側面の編み方図

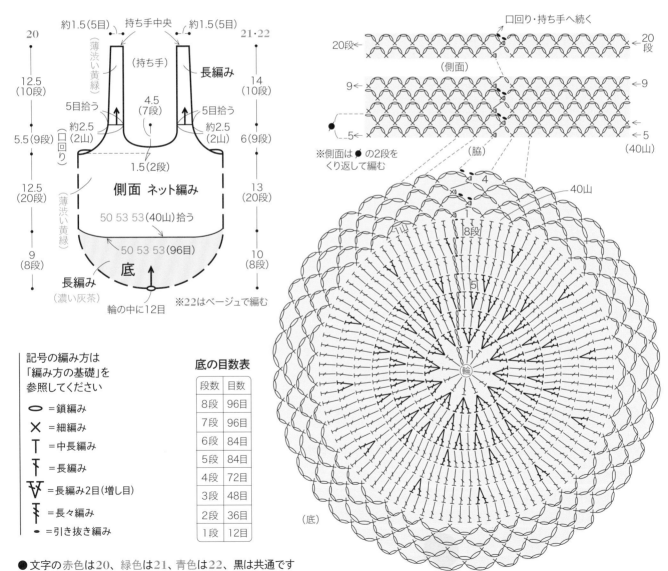

記号の編み方は「編み方の基礎」を参照してください

◯ ＝鎖編み
✕ ＝細編み
T ＝中長編み
T ＝長編み
Ⅴ ＝長編み2目（増し目）
T ＝長々編み
‐ ＝引き抜き編み

底の目数表

段数	目数
8段	96目
7段	96目
6段	84目
5段	84目
4段	72目
3段	48目
2段	36目
1段	12目

● 文字の赤色は**20**、緑色は**21**、青色は**22**、黒は共通です

● 編み方要点

★ 20・21・22は底から持ち手まで、すべて目数・段数は同じで指定色で編みます。
★ 底に続けて側面も輪に編みます。

❶ 底中央で糸輪の作り目にして鎖3目で立ち上がり、長編みを11目編み入れます。2段めからは図のように目を増しながら、底を長編みで8段編みます。

❷ 側面は底からネット編みで40山拾い、増減なく20段編んで脇から10山ごとに印をつけます。

❸ 口回りは20山を2段編んで、2枚に分けて目を減らしながら各7段編みます。続けて持ち手を長編みで10段編みますが、

1段めの中央のみ長々編みを編み入れます。残りの20山も2段編んでから2枚に分けて同様に編みます。

❹ 持ち手が4本編めたら、側面の立ち上がりを脇にして前後を確認し、巻きはぎ（1目）で合わせます。

❺ 口回りと持ち手の縁回りを図のように、内側と外側の3箇所に分けて細編み1段で整えます。

❻ 22は花あみルームミニのサークル枠（丸枠）を使用して、モチーフを24枚作ります。中央のかがった糸端以外の糸端を裏側に始末します。モチーフつけ位置に印をつけて確認し、モチーフは中央のかがったところを指定位置にとじつけます。

20・21・22 口回りと持ち手の編み方図

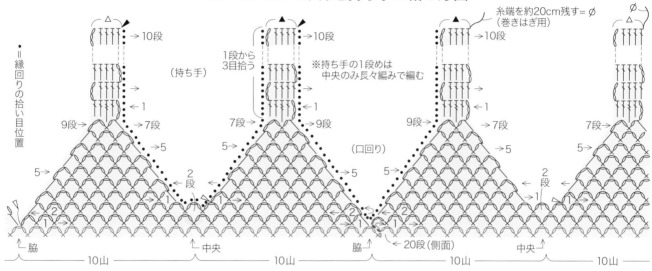

※合印どうし（▲・△）を巻きはぎでつなぐ

20・21・22 縁回り 細編み

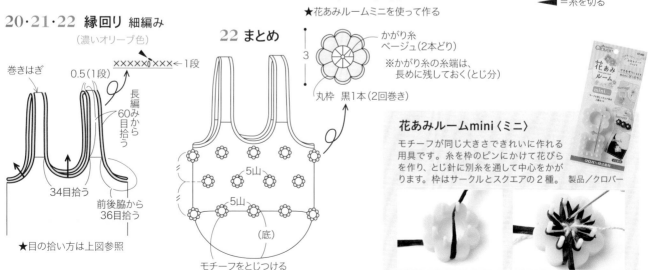

22 モチーフ（24枚）
★花あみルームミニを使って作る

かがり糸 ベージュ（2本どり）
※かがり糸の糸端は、長めに残しておく（とじ分）
丸枠 黒1本（2回巻き）

⊲ =糸をつける
◀ =糸を切る

花あみルームmini〈ミニ〉
モチーフが同じ大きさできれいに作れる用具です。糸を枠のピンにかけて花びらを作り、とじ針に別糸を通して中心をかがります。枠はサークルとスクエアの2種。　製品／クロバー

27 タウン用に Tape yarn Bag
テープヤーンバッグ
| 作品22ページ

● 材料と用具

糸／**27** 超極太タイプのテープヤーン（200g巻・約115m）のマットゴールド×黒のミックスを400g

超極太タイプのテープヤーン（200g巻・約110m）のゴールドを200g

針／**27** 10/0号かぎ針

付属品／内幅14.5×高さ11cmのバンブータイプ持ち手（Dカンつき）を1組

● ゲージ10cm四方

27 細編み11目12.5段　模様編み11目13.5段

● でき上がり寸法

27 口幅36.5cm　深さ31cm

● 編み方要点

★ 底と側面の細編みはマットゴールド×黒で、模様編みはゴールドで輪に編みます。

❶ 底中央で鎖編みの作り目で24目作ります。

❷ 細編みの左右で目を増しながら、上下に各6段編みます。

❸ 側面は脇に糸をつけて底から細編みで80目拾い、増減なく25段編みます。

❹ そのままの目数で模様編みにかえて、増減なく15段編みます。

❺ 脇に合わせて前・後ろ面を確認して持ち手位置を決め、形を整えて持ち手をゴールドでとめつけます。

27 バッグ

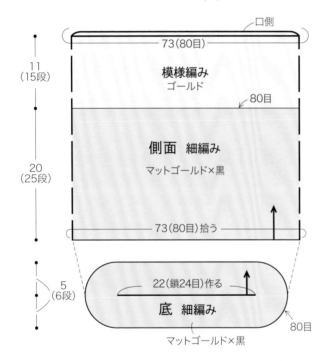

口側

73（80目）

11（15段）

模様編み
ゴールド

80目

20（25段）

側面　細編み
マットゴールド×黒

73（80目）拾う

5（6段）

22（鎖24目）作る

底　細編み
マットゴールド×黒

80目

27 まとめ

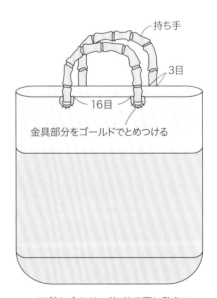

持ち手

3目

16目

金具部分をゴールドでとめつける

※脇に合わせて前・後ろ面に整えて
持ち手位置を決める

記号の編み方は「編み目記号と基礎」を参照してください

○ =鎖編み

✕ =細編み

Ⓥ =細編み2目（増し目）

• =引き抜き編み

27 バッグの編み方図

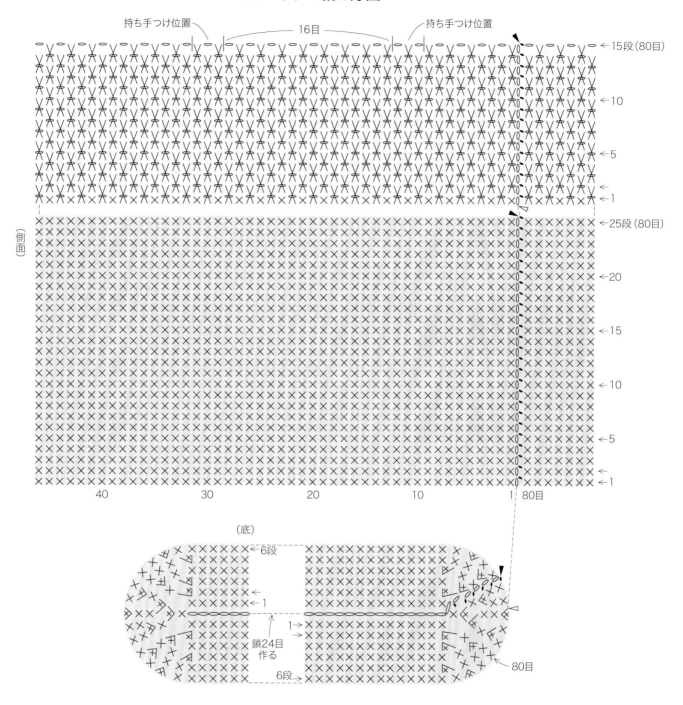

持ち手つけ位置　　16目　　持ち手つけ位置

←15段（80目）

←10

←5

←1

側面

←25段（80目）

←20

←15

←10

←5

←1

40　　30　　20　　10　　1　80目

（底）

←6段

←1

1→

鎖24目
作る

6段→

80目

$\times\!\!\!/\!\!\!\times$ ＝前段の鎖編みを編みくるんで
前々段の細編みに編む

▷ ＝糸をつける
◀ ＝糸を切る

28, 29 おしゃれ Tote Bag | 作品23ページ

● 材料と用具

糸／**28** ダイヤモンド毛糸 ダイヤニーノ（30g巻・約122m…並太タイプ）の7403（ピンク）・7406（濃いグレー）を各30g（各1個）

糸／**29** ダイヤモンド毛糸 ダイヤニーノ（30g巻・約122m…並太タイプ）の7403（ピンク）・7406（濃いグレー）を各60g（各2個）

針／**28** 5/0号かぎ針　**29** 5/0号・7/0号かぎ針

付属品／底板を**28**に21×4cm・**29**に27.5×4cm

● ゲージ10cm四方

28・29共通　A模様14.5目5.5段

● でき上がり寸法

28 口幅21cm　深さ17.5cm

29 口幅27.5cm　深さ25.5cm

28・29 バッグ

★28・29の側面と底は各色2本どりで
5/0号針で編む（※配色は編み方図参照）

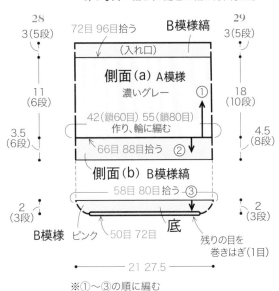

28
3（5段）

11（6段）

3.5（6段）

2（3段）

B模様　ピンク

72目 96目拾う

B模様縞

（入れ口）

側面（a）A模様
濃いグレー　①

42（鎖60目） 55（鎖80目）
作り、輪に編む

66目 88目拾う　②

側面（b）B模様縞

58目 80目拾う　③

50目 72目

底

29
3（5段）

18（10段）

4.5（8段）

2（3段）

残りの目を
巻きはぎ（1目）

━ 21 27.5 ━

※①〜③の順に編む

※底板を寸法にカットして入れる

4
1 — 21 27.5 —

底板

記号の編み方は「編み目記号と基礎」を
参照してください

◯ ＝鎖編み　✕ ＝細編み　✕ ＝すじ編み（細編み）

W ＝細編み2目（増し目）　∮ ＝中長編み2目の変わり玉編み

・ ＝引き抜き編み

えび編みコード

● 文字の青色は**28**、赤色は**29**、黒は共通です

28・29 持ち手　えび編みコード（P.95）

28 ピンク2本どり
（5/0号針）45cm 2本

29 ピンク3本どり
（7/0号針）90cm 2本

まとめ

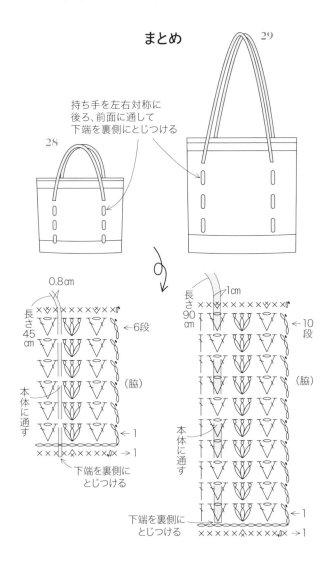

持ち手を左右対称に
後ろ、前面に通して
下端を裏側にとじつける

28

29

0.8cm

長さ
45
cm

本体に通す

←6段

（脇）

1

下端を裏側に
とじつける

1cm

長さ
90
cm

本体に通す

←10段

（脇）

1

下端を裏側に
とじつける

● 編み方要点

★ 青色は**28**、赤色は**29**、黒は共通です。
★ 糸は**29**の持ち手以外はすべて各色2本どりにして、指定色で輪に編みます。

❶ ①の側面（a）位置で鎖編みの作り目で**60目80目**作り、A模様で増減なく**6段10段**編みます。

❷ 続けて入れ口はB模様縞で編みますが、1段めで増し目を増して**72目96目**で5段編みます。

❸ ②の側面（b）は作り目から目を拾い、脇に糸をつけてB模様縞の1段めで目を増して**6段8段**編みます。

❹ ③の底は側面（b）に続けて、左右4箇所で目を減らしながら3段編みます。

❺ 残りの目は巻きはぎ（1目）で合わせます（※底中央になる）。

❻ 持ち手はえび編みコードを、2本どりと3本どりにして、各2本編みます。まとめ図を参照して本体に通し、下端を約1.5cm折り返して裏側にとじつけます。

❼ 形を整えて、底板を寸法にカットして中に入れます。

側面（a）と入れ口の編み方図

▷＝糸をつける
▶＝糸を切る

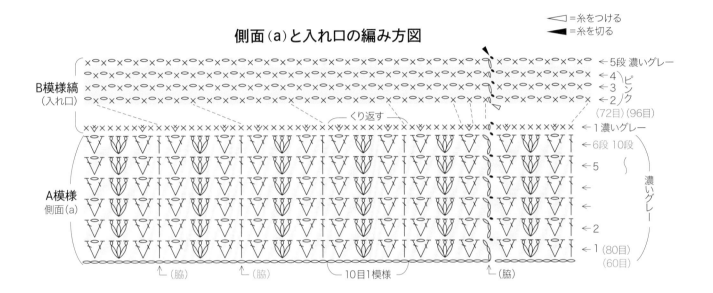

側面（b）と底の編み方図
※**29**は側面（a）と側面（b）の1段め位置が図と異なるので下図参照。減らし目は図どおり

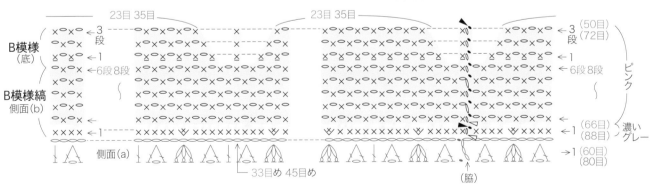

29 側面（b）の拾い方

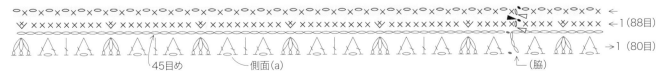

75

30

31

30, 31 モチーフつなぎの Square Bag (スクエアバッグ) | 作品24ページ

● 材料と用具

糸／**30** スキー毛糸　スキーハルガスミ（30g巻・約121m…中細タイプ）の1314（マロンベージュ）を180g（6玉）

スキースーピマコットン（30g巻・約98m…合太タイプ）の5023（焦げ茶）・5018（モスグリーン）を各20g（各1玉）

糸／**31** ニッケビクター毛糸　ニッケ ノパ（40g巻・約148m…合太タイプ）の3005（紺）を130g（4玉）・3004（水色）を95g（3玉）・3001（白）を35g（1玉）

針／**30・31**共通　4/0号かぎ針

付属品／**30**に裏布を58×76cm・直径1cmの持ち手芯を45cm×2本

31に裏布を71×82cm・幅2×長さ60cmの持ち手を1組・底板を19×32cm・直径1.3cmのマグネットボタンを1組

30・31 バッグ　モチーフつなぎ

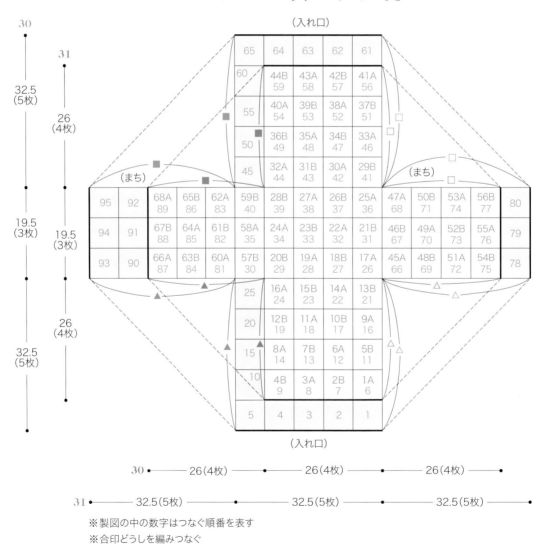

※製図の中の数字はつなぐ順番を表す

※合印どうしを編みつなぐ

● 文字の赤色は**30**、青色は**31**、黒は共通です

● ゲージ

30・31共通　モチーフ1枚6.5×6.5cm

● でき上がり寸法

30　口幅45.5cm　深さ26cm　31　口幅52cm　深さ32.5cm

● 編み方要点

❶ モチーフは糸輪の作り目で、指定の配色で編み始めます。

❷ 2・3段めの拾い方記号に注意して、図のように6段編みます。
　2枚めからは隣り合うモチーフと番号順に引き抜いてつなぎます。糸端の始末をして寸法に形を整えます。

❸ 30は持ち手芯に細編みを編みつけて持ち手を2本作り、編み目がねじれないように整えます。

❹ まとめ図を参照して持ち手を30は細編みの頭が内側になるように本体内側に、31は外側に縫いつけます。

❺ 31は本体に底板を入れます。

❻ 裏布の側面は両脇を縫い、入れ口側を折り返して底側にギャザーをよせて底と縫い合わせます。

❼ 裏布は入れ口側にギャザーをよせて仮どめ、本体の入れ口にまつりつけます。

❽ 31は指定位置にマグネットボタンを縫いつけます。

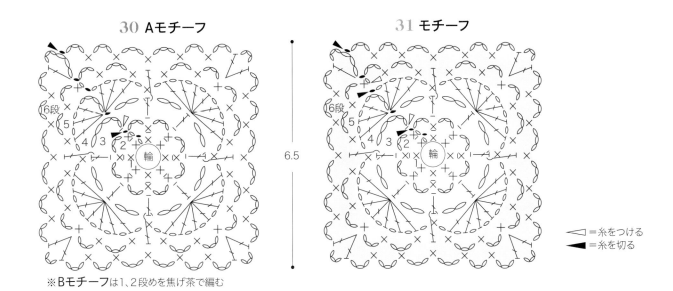

30 Aモチーフ

31 モチーフ

6.5

◁＝糸をつける
◀＝糸を切る

※Bモチーフは1、2段めを焦げ茶で編む

※30・31ともに2段め（×）は1段めの細編みの頭手前側半目を拾う。
3段めの立ち上がりは2段めを手前に倒し、1段めの細編みの
頭の残り（向こう側半目）に糸をつけて編み、（┰）は同様に
1段めの細編みの頭の残り（向こう側半目）を拾って編む

モチーフの配色

段数	30		31
	A　34枚	B　34枚	95枚
6段	マロンベージュ		紺
5段			紺
4段			水色
3段			水色
2段	モスグリーン	焦げ茶	白
1段	モスグリーン	焦げ茶	白

30 持ち手の編み方

45cm　マロンベージュ　2本

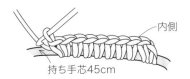

内側

持ち手芯45cm

※持ち手芯を編みくるみながら
細編みを250目編む

● モチーフのつなぎ方とまとめは
78ページにあります

記号の編み方は付録の「編み目記号と基礎」を参照してください

◯＝鎖編み　　┰＝長編みのすじ編み　　•＝引き抜き編み
×＝細編み
┰＝長編み　　⌇＝表引き上げ編み（長編み）

77

30・31 モチーフのつなぎ方

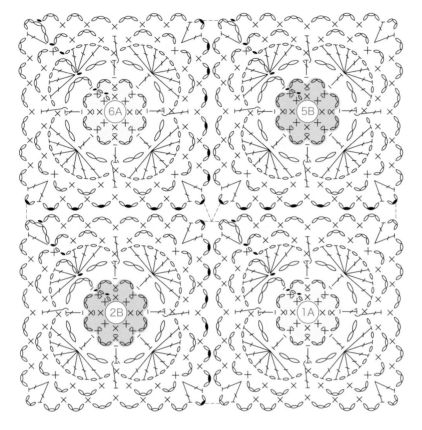

モチーフ角のつなぎ方

※3枚めからは2枚めの
引き抜き編み目(◉)につなぐ

30・31 裏布

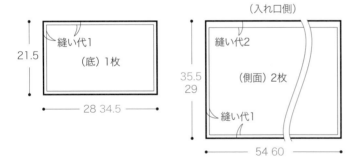

30・31 裏布の縫い方

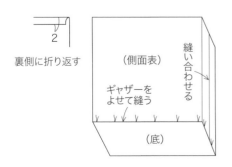

30・31 まとめ

※持ち手はねじれないように
注意してつける

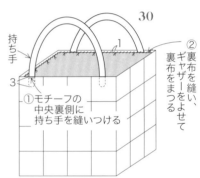

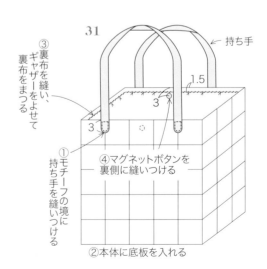

39 マーガレット兼用の大判ストール Large Stole ｜作品40ページ

42 モチーフ模様のエレガントストール Elegant Stole ｜作品44ページ

● 材料と用具

糸／39 ダイヤモンド毛糸 マスターシードコットン〈デュエット〉(30g巻・約108m…合太タイプ) 402 (ベージュ×ラメ) を200g (7玉)

糸／42 合細タイプのコットンヤーン (25g巻) のミントグリーンを85g

針／39 3/0号かぎ針 42 2/0号かぎ針

● ゲージ

39 モチーフ1枚 24×24cm
42 モチーフ1枚 18×18cm

● でき上がり寸法

39 幅54cm 長さ126cm
42 幅24cm 長さ132cm

● 編み方要点は80ページにあります

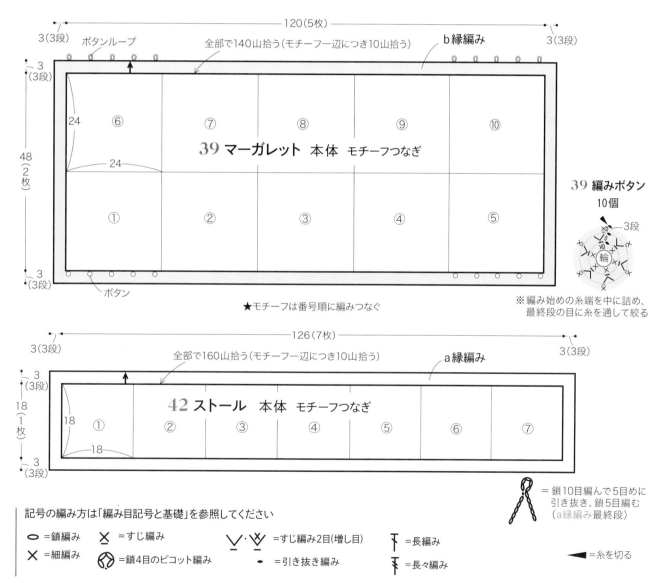

★モチーフは番号順に編みつなぐ

39 編みボタン 10個

※編み始めの糸端を中に詰め、最終段の目に糸を通して絞る

= 鎖10目編んで5目めに引き抜き、鎖5目編む (a縁編み最終段)

記号の編み方は「編み目記号と基礎」を参照してください

○ =鎖編み　　✕ =すじ編み　　∨・ᐃ =すじ編み2目(増し目)　　╀ =長編み
✕ =細編み　　⊗ =鎖4目のピコット編み　　• =引き抜き編み　　╫ =長々編み
◀ =糸を切る

● 文字の赤色は39、青色は42、黒は共通です

● 編み方要点

❶ モチーフは鎖編みの作り目で16目作り、輪に13段編みます。2枚めからは隣り合う
　モチーフと**39**は10枚、**42**は7枚を番号順に引き抜いてつなぎます。

❷ モチーフの回りに縁編みを編みます。**39・42**ともにモチーフ一辺から10山拾い、
　角の4箇所で増し目をしながら**39**はb縁編み・**42**はa縁編みで各3段編みますが、
　39は左右上の各5箇所の3段めで鎖9目のピコット編みのボタンループを作ります。

❸ **39**の編みボタンは糸輪の作り目で10個作り、形作ります。

❹ 寸法に形を整えて、**39**はボタンを指定位置にとじつけます。

42 モチーフのつなぎ方とa縁編み

◁ =糸をつける
◀ =糸を切る

39 モチーフのつなぎ方とb縁編み

b縁編み

ボタンループ（鎖9目）

15目

15目

1山　9目　9目　2　3段

13段　1

●モチーフの編みつなぎ方は53ページにあります

◁ =糸をつける
◀ =糸を切る

⑥　⑦

15目　13段　9目　①　②
15目　12　9目
11
10
9
8
7
6
5
4
3
2
1
16目

ボタンつけ位置

32, 33 花モチーフつなぎの Motif Cloche │ 作品34ページ

● 材料と用具

糸／ **32** オリムパス シャポット（35g巻・約77m
…並太タイプ）の2（ベージュ）を140g（4玉）

糸／ **33** 並太タイプのストレートヤーン（30g巻・
約96m）の水色を70g

針／ **32・33**共通　6/0号かぎ針

● ゲージ10cm四方

32・33共通

細編み18目20段　モチーフ1枚9×9cm

● でき上がり寸法

32　頭回り54cm　深さ20.5cm

33　頭回り54cm　深さ16.5cm

● 編み方要点

> ★ **32・33**はトップとサイドまで同様に編み、
> ブリムは段数をかえて編みます。

❶ トップ中央で糸輪の作り目で編み始めます。

❷ 図を参照して細編みの8箇所で目を増しながら14段輪に編みます。形を整えてから、14段めに16目ごとに糸印を6箇所につけておきます（※モチーフ6枚分）。

❸ サイドはモチーフを6枚編みます。糸輪の作り目で細編みを8目編み入れて図のように7段編みます。モチーフは左右の21目を巻きはぎ（1目）で合わせて輪にしますが、最後の一辺をはぎ残し、寸法に形を整えてから残りの一辺をはぎ合わせます。

❹ ブリムはモチーフ1枚から細編みで16目拾い、96目で輪に編みます。4段めからは12箇所で目を増しながら、**32**は23段・**33**は15段編みます。

❺ トップとサイドのモチーフ6枚を外表に合わせて仮どめ（※トップの16目とモチーフは19目を3目とばして16目にする）、トップ側を見て細編み1段ではぎ合わせます。

32・33 クロッシュ

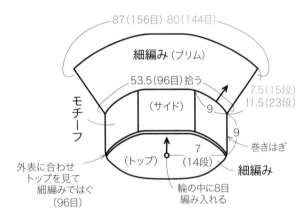

32・33 モチーフ 6枚

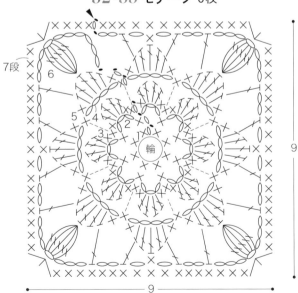

◀ =糸を切る

● 文字の赤色は**32**、青色は**33**、黒は共通です

記号の編み方は「編み目記号と基礎」を
参照してください

⌒ =鎖編み　　✕ =細編み

Ⅴ・Ⅶ =細編み2目（増し目）

Ⅴ・Ⅶ =細編み3目（増し目）

T =中長編み　　T =長編み

=長編み5目の
パプコーン編み

• =引き抜き編み

32・33 クロッシュの編み方図

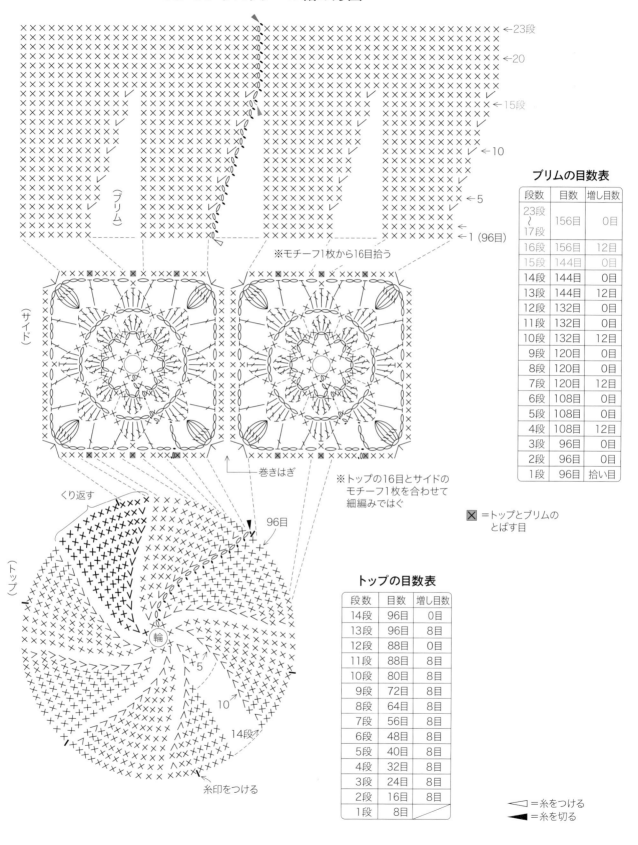

（ブリム）

←23段
←20
←15段
←10
←5
←1 (96目)

※モチーフ1枚から16目拾う

（サイド）

←巻きはぎ

※トップの16目とサイドの
モチーフ1枚を合わせて
細編みではぐ

⊠ ＝トップとブリムの
とばす目

くり返す

96目

（トップ）

輪

糸印をつける

ブリムの目数表

段数	目数	増し目数
23段〜17段	156目	0目
16段	156目	12目
15段	144目	0目
14段	144目	0目
13段	144目	12目
12段	132目	0目
11段	132目	0目
10段	132目	12目
9段	120目	0目
8段	120目	0目
7段	120目	12目
6段	108目	0目
5段	108目	0目
4段	108目	12目
3段	96目	0目
2段	96目	0目
1段	96目	拾い目

トップの目数表

段数	目数	増し目数
14段	96目	0目
13段	96目	8目
12段	88目	0目
11段	88目	8目
10段	80目	8目
9段	72目	8目
8段	64目	8目
7段	56目	8目
6段	48目	8目
5段	40目	8目
4段	32目	8目
3段	24目	8目
2段	16目	8目
1段	8目	

▷ ＝糸をつける
◀ ＝糸を切る

34, 35, 36 ブリム幅で印象が変わるCloche Variation | 作品36ページ

34

35

36

● 材料と用具

糸／ **34** ダイヤモンド毛糸 ダイヤニーノ（30g巻・約122m…並太タイプ）の7405（ブルー）を50g（2玉）

糸／ **35** オリムパス シャポット（35gカセ・約77m…並太タイプ）の2（ベージュ）を105g（3カセ）

糸／ **36** オリムパス シャポット（35gカセ・約77m…並太タイプ）の3（茶色）を90g（3カセ）

針／ **34・36共通** 7/0号かぎ針
　　 35 7/0号・8/0号かぎ針

付属品／ **34・35・36共通** 長さ2.5cmのコサージュピンを各1個

● ゲージ10cm四方

34・35・36共通 細編み18目18段
模様編み1模様（2.6cm）6段（8cm）

● でき上がり寸法

34・36共通 頭回り52cm 深さ15cm
35 頭回り52cm 深さ19cm

34・35・36 クロッシュ（7/0号針）

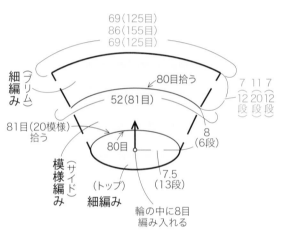

34・35・36 コサージュ（7/0号針）

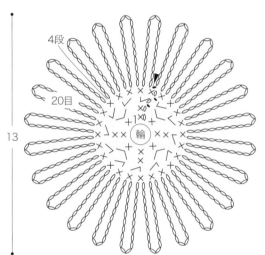

34・35 飾りひも

34は1本（7/0号針）、
35は2本どり（8/0号針）

サイドとブリムの境目にかけ、
先を蝶結びにしてとめる

▷ ＝糸をつける
▶ ＝糸を切る

34・35・36 まとめ

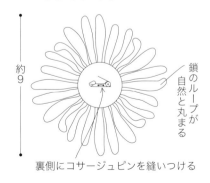

裏側にコサージュピンを縫いつける

記号の編み方は「編み目記号と基礎」を参照してください

⌒ ＝鎖編み　　V・W ＝細編み2目（増し目）　　T ＝長編み　　• ＝引き抜き編み

✕ ＝細編み　　A ＝細編み2目一度　　F ＝長々編み

● 文字の青色は**34**、緑色は**35**、赤色は**36**、黒は共通です

● 編み方要点

★ トップ・サイド・ブリムと続けて輪に編みます。

❶ トップ中央で糸輪の作り目にし、細編みで図を参照して8箇所で目を増しながら13段編みます。

❷ サイドはトップから模様編みで81目（20模様）拾い、増減なく6段編みます（※1段めの立ち上がり位置で1目増す）。

❸ ブリムはサイドから細編みで80目拾い（※1段めの立ち上がり位置で1目減らす）、図を参照して15箇所で目を増して 34・36 は12段、35 は20段編みます。

❹ 34・35 は飾りひもを編みます。サイドとブリムの境目にかけて先を蝶結びにしてとめつけます。

❺ 34・35・36 ともにコサージュを作ります。糸輪の作り目にし、細編み3段・細編みと鎖編み1段で形を整えます。裏側にコサージュピンを縫いつけて好みの位置につけます。

34・35・36 クロッシュの編み方図

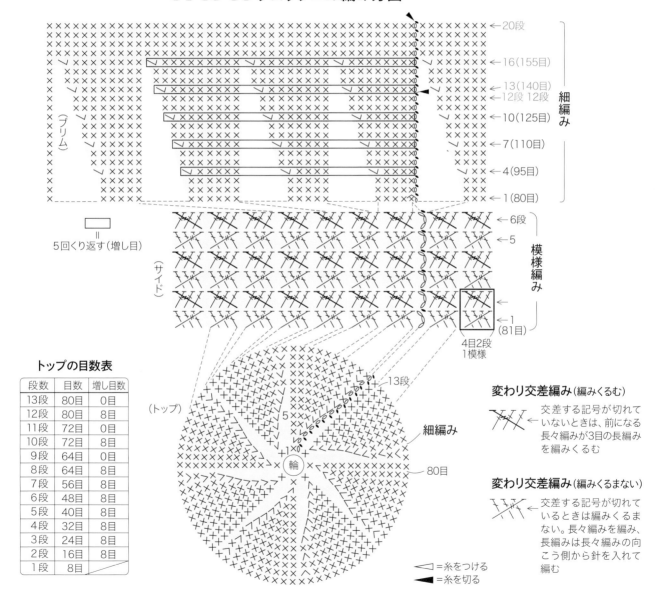

← 20段
← 16（155目）
← 13（140目）
← 12段 12段
← 10（125目）
← 7（110目）
← 4（95目）
← 1（80目）
細編み

（ブリム）

= 5回くり返す（増し目）

← 6段
← 5
← 1（81目）
模様編み

（サイド）

4目2段 1模様

トップの目数表

段数	目数	増し目数
13段	80目	0目
12段	80目	8目
11段	72目	0目
10段	72目	8目
9段	64目	0目
8段	64目	8目
7段	56目	8目
6段	48目	8目
5段	40目	8目
4段	32目	8目
3段	24目	8目
2段	16目	8目
1段	8目	

（トップ）

13段

5

細編み

80目

輪

← = 糸をつける
◄ = 糸を切る

変わり交差編み（編みくるむ）

交差する記号が切れていないときは、前になる長々編みが3目の長編みを編みくるむ

変わり交差編み（編みくるまない）

交差する記号が切れているときは編みくるまない。長々編みを編み、長編みは長々編みの向こう側から針を入れて編む

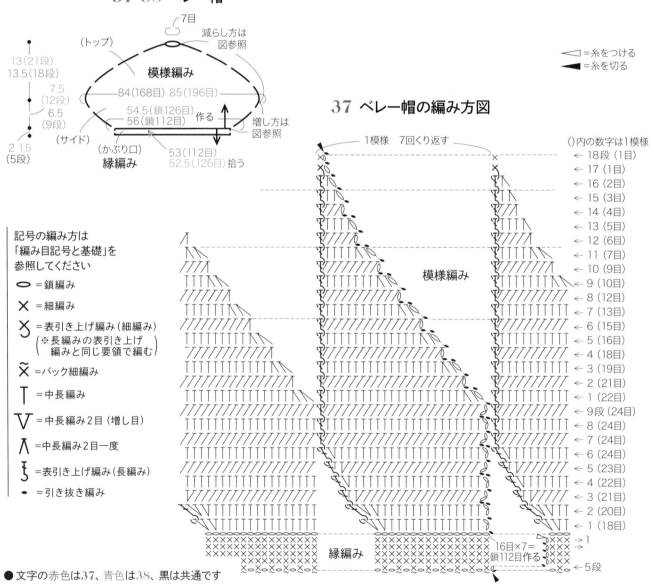

37, 38 渦巻き模様の Swirl Beret （スワールベレー） | 作品38ページ

● 材料と用具

糸／ **37** 合太タイプのコットンヤーン（30g巻・約93m）の薄茶系×ラメのミックスを70g

糸／ **38** スキー毛糸 スキースーピマコットン（30g巻・約98m…合太タイプ）の5005（アイスグレー）を80g（3玉）

針／ **37** 5/0号かぎ針　**38** 4/0号かぎ針

● ゲージ10cm四方

37 模様編み20目13.5段　縁編み21目25段

38 模様編み23目16段　縁編み24目30段

● でき上がり寸法

37 頭回り53cm　深さ22cm

38 頭回り52.5cm　深さ22cm

37・38 ベレー帽

7目
（トップ）
減らし方は図参照
模様編み
13（21段）
13.5（18段）
7.5（12段）
6.5（9段）
84（168目）85（196目）
54.5（鎖126目）
56（鎖112目）
作る
増し方は図参照
2 1.5（5段）
（サイド）
（かぶり口）
縁編み
53（112目）
52.5（126目）拾う

◁ ＝糸をつける
◀ ＝糸を切る

37 ベレー帽の編み方図

記号の編み方は「編み目記号と基礎」を参照してください

○ ＝鎖編み
× ＝細編み
ξ ＝表引き上げ編み（細編み）（※長編みの表引き上げ編みと同じ要領で編む）
×̃ ＝バック細編み
Ｔ ＝中長編み
Ｖ ＝中長編み2目（増し目）
人 ＝中長編み2目一度
ξ ＝表引き上げ編み（長編み）
・ ＝引き抜き編み

1模様　7回くり返す

模様編み

縁編み

()内の数字は1模様
← 18段（1目）
← 17（1目）
← 16（2目）
← 15（3目）
← 14（4目）
← 13（5目）
← 12（6目）
← 11（7目）
← 10（9目）
← 9（10目）
← 8（12目）
← 7（13目）
← 6（15目）
← 5（16目）
← 4（18目）
← 3（19目）
← 2（21目）
← 1（22目）
→ 9段（24目）
← 8（24目）
← 7（24目）
← 6（24目）
← 5（23目）
← 4（22目）
← 3（21目）
← 2（20目）
← 1（18目）
→ 1
16目×7＝鎖112目作る
← 5段

● 文字の赤色は**37**、青色は**38**、黒は共通です

● 編み方要点

★ 赤色は**37**、青色は**38**、黒は共通です。

❶ 鎖編みの作り目で112目126目作り、図を参照して模様編み1〜9段 1〜12段
までのサイドは7箇所で目を増し、次の1〜18段 1〜21段までのトップは、7
箇所で目を減らして輪に編みます。

❷ 残りの7目に糸を通して（※細編みの頭向こう側半目を拾う）絞りどめます。

❸ かぶり口は作り目から細編みで112目126目拾い、縁編み5段を輪に編みます。

38 ベレー帽の編み方図

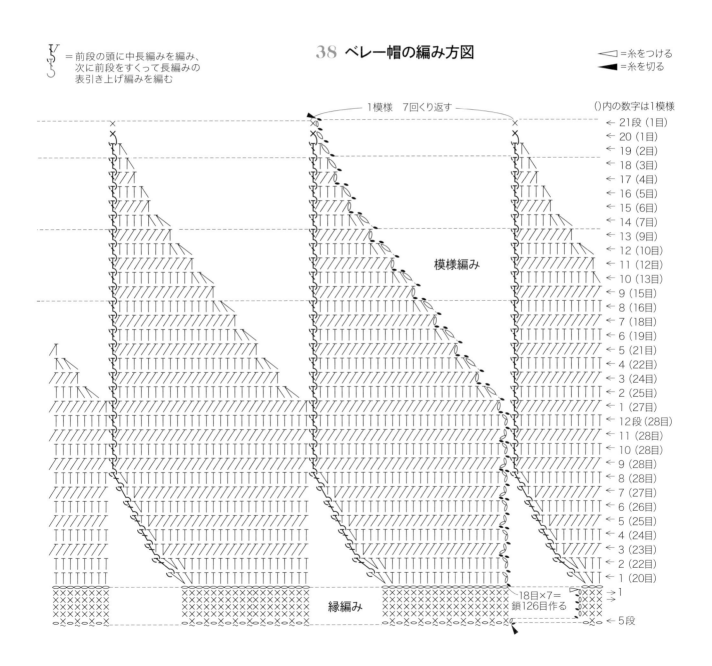

40

40 ブロック模様のTriangle Stole 三角ストール | 作品42ページ

● 材料と用具

糸／40　スキー毛糸　スキーハルガスミ（30g巻・約121m…中細タイプ）の1313（アクアマリン）を200g（7玉）

針／40　5/0号かぎ針

● ゲージ10cm四方

40　模様編み18.3目（1山2.2cm）11段

● でき上がり寸法

40　幅170cm　たけ71cm

40 三角ストール　模様編み

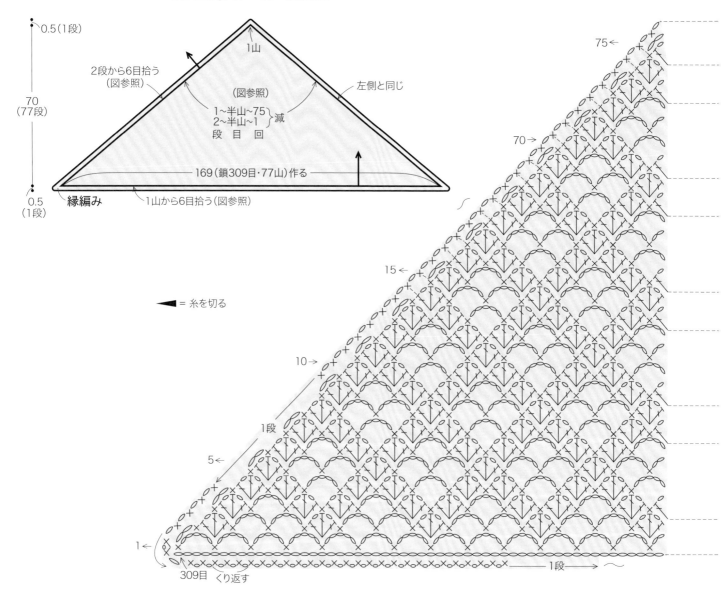

0.5（1段）

2段から6目拾う
（図参照）

70
（77段）

1山

（図参照）

1〜半山〜75
2〜半山〜1
段　目　回 ⎱減

左側と同じ

169（鎖309目・77山）作る

0.5
（1段）

縁編み

1山から6目拾う（図参照）

◀ = 糸を切る

309目　くり返す

1←

5←

1段

10→

15←

1段

70

75←

1段

● 編み方要点

❶ 鎖編みの作り目で309目作り、模様編みで最終段が1山になるまで編み進めます。

❷ 1段めは細編み1目・鎖5目をくり返して77山で編み始めます。

❸ 模様編みは12目6段1模様をくり返し、つねに左右の立ち上がりは鎖2目で、半山ずつ減らします。

❹ 最終段に続けて、左側から縁編み1段で形を整えます。

40 三角ストールの編み方図

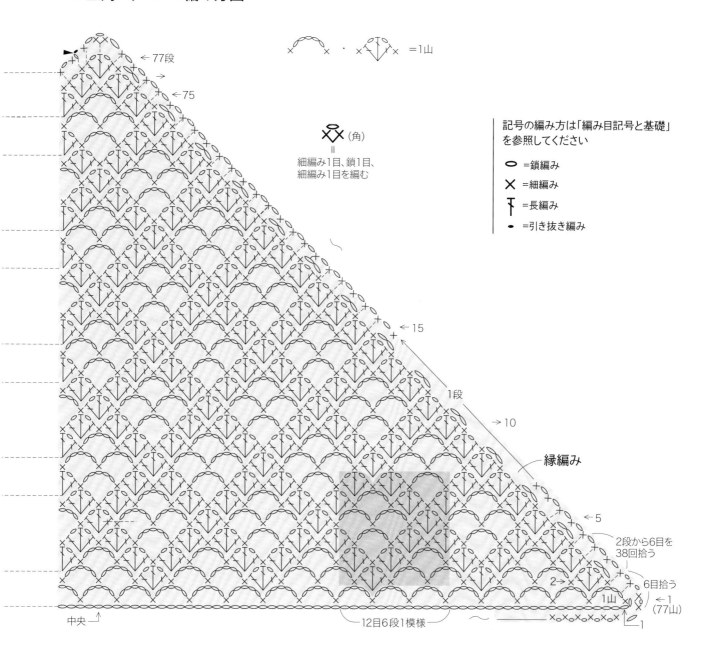

=1山

(角)
=
細編み1目、鎖1目、
細編み1目を編む

記号の編み方は「編み目記号と基礎」
を参照してください

○ =鎖編み

× =細編み

† =長編み

・ =引き抜き編み

←77段

←75

←15

1段

→10

縁編み

←5

2段から6目を
38回拾う

6目拾う

2

1山

←1
(77山)

中央↑

12目6段1模様

1

41　ストライプ模様のVertically long Stole ^{たて長ストール}　｜作品43ページ

43　涼しげなLacy Poncho ^{レーシーポンチョ}　｜口絵45ページ

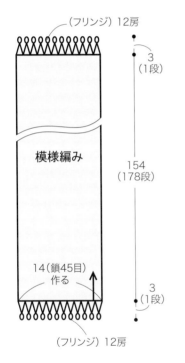

● **材料と用具**

糸／ **41**　中細タイプのストレートヤーン（30g巻・約103m）のオレンジ色を110g

糸／ **43**　並太タイプのストレートヤーン（40g巻・約124m）のベージュ系段染め×ラメを270g

針／ **41・43共通**　4/0号かぎ針

付属品／ **43** に直径2cmのボタンを1個

● **ゲージ10cm四方**

41　模様編み32段11.5段

43　模様編み27目11段

● **でき上がり寸法**

41　幅14cm　長さ160cm

43　幅48cm　長さ135cm

41 ストール

（フリンジ）12房

模様編み

3（1段）

154（178段）

14（鎖45目）作る

3（1段）

（フリンジ）12房

43 ポンチョ

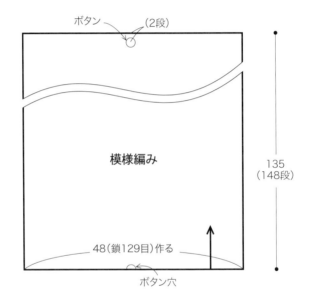

ボタン　（2段）

模様編み

48（鎖129目）作る

ボタン穴

135（148段）

記号の編み方は「編み目記号と基礎」を参照してください

◯ = 鎖編み

✕ = 細編み

† = 長編み

⚇ = 中長編み3目の変わり玉編み

• = 引き抜き編み

43 まとめ

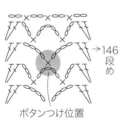

→146段め

ボタンつけ位置

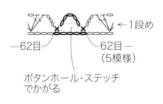

←1段め

―62目――――62目―（5模様）

ボタンホール・ステッチでかがる

ボタンホール・ステッチ

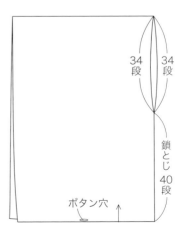

34段　34段

鎖とじ40段

ボタン穴

● 文字の赤色は**41**、青色は**43**、黒は共通です

90

● 編み方要点

★ 赤色は**41**、青色は**43**、黒は共通です。

❶ 鎖編みの作り目で45目129目作ります。

❷ 模様編みで増減なく178段148段編んで形を整えます。
178段め148段めは模様が異なるので図を参照します。

❸ **41**は上下にフリンジを1段編みつけます。

❹ **43**は編み始め側と編み終わり側の片脇（右脇のみ）40段を鎖とじで合わせます。
ボタン穴をボタンホール・ステッチでかがり、指定位置にボタンをつけます。

❺ **41**・**43**ともに好みの形に着用します。

41（フリンジ）

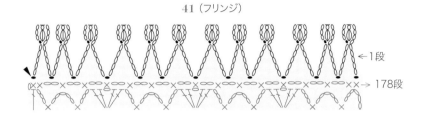

←1段

178段

◁ =糸をつける
◀ =糸を切る

41・43 編み方図

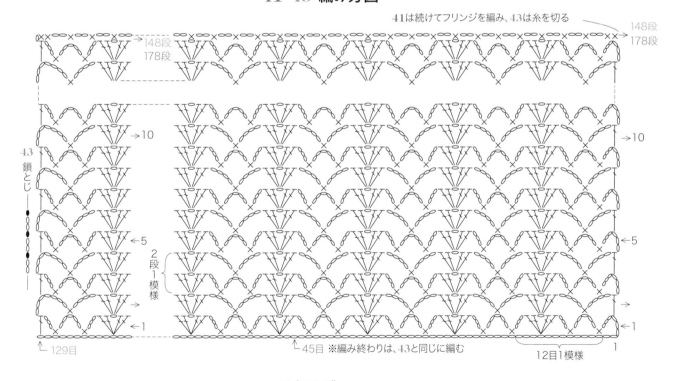

41は続けてフリンジを編み、**43**は糸を切る

148段
178段

→10

→5

→

←1

2段1模様

43鎖とじ

↑129目

↳45目 ※編み終わりは、**43**と同じに編む

12目1模様

41（フリンジ）

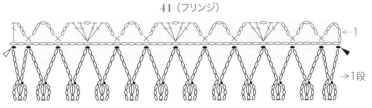

←1

→1段

91

かぎ針編みの編み目記号と基礎

⟦◯⟧ 鎖編みの作り目

 **1**
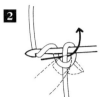 **2**
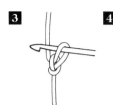 **3**
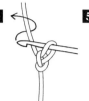 **4**
 **5**
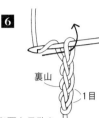 **6**

1 かぎ針を糸の向こう側におき、6の字を書くように回して、糸輪を作る

2 糸輪の交差したところを左中指と親指で押さえ、針に糸をかけて引き出す

3 引き出したら、糸輪をきつく締める（この目は1目と数えない）

4 矢印のように針に糸をかける

5 編み糸を引き出す。**4・5**をくり返す

6 必要な目数を編んで作り目にする（裏山 1目）

糸輪の作り目 ●図は細編みの場合。編み目が違っても同様に編む

 **1**
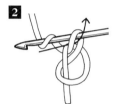 **2**
 **3**
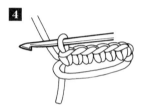 **4**
 5

1 かぎ針の作り目**1・2**と同じ要領で糸輪を作り、針に糸をかけて引き出す

2 続けて針に糸をかけて引き出し、立ち上がりの鎖1目を編む

3 矢印のように糸輪の中に針を入れてすくい、1段めの細編みを編む

4 **3**をくり返して糸輪の中に細編みを必要目数編み入れる。糸端は糸輪に沿わせ、一緒に編みくるむ

5 編み始めの糸端を引き、糸輪を引き締める。立ち上がりの目に引き抜いて輪にする

作り目からの目の拾い方 ●特に指定のない場合は好みの拾い方にする

 **1**
2
3

1 鎖半目を拾う

2 鎖半目と裏山を拾う（鎖編みを少しゆるめに編む）

3 鎖の裏山を拾う（鎖編みを少しゆるめに編む）

⟦✕⟧ 細編み

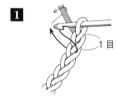 **1**
 **2**
 3

1 立ち上がりの鎖1目をとばした次の目に針を入れ、糸をかけて引き出す（1目）

2 もう一度針に糸をかけ、針にかかっている2ループを一度に引き抜く

3 以上をくり返して、必要目数を編む

⟦T⟧ 中長編み

 **1**
 2
 3

1 立ち上がりの鎖2目と土台の1目をとばした次の目に、糸をかけた針を矢印のように入れ、針に糸をかけて引き出す（2目・土台の目）

2 もう一度針に糸をかけ、針にかかっている3ループを一度に引き抜く

3 以上をくり返して、必要目数を編む

⟦Ŧ⟧ 長編み

 **1**
 **2**
 3

1 立ち上がりの鎖3目と土台の1目をとばした次の目に、糸をかけた針を矢印のように入れ、再び針に糸をかけて引き出す（3目・土台の目）

2 もう一度針に糸をかけ、針にかかっている2ループを引き抜く。2ループずつ引き抜くことを2回くり返す

3 以上をくり返して、必要目数を編む

🎚 長々編み

1
立ち上がりの鎖の目4目
と土台の1目をとばした
次の目に、糸を2回かけ
た針を矢印のように入れ、
針に糸をかけて引き出す

4目
土台の目

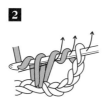
2
もう一度針に糸を
かけて、2ループ
ずつ引き抜くこと
を3回くり返す

3
以上をくり返して、
必要目数を編む

⬭ 引き抜き編み

1
立ち上がりの鎖の
目はありません。
編み終わりの目に
針を入れる

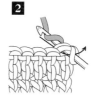
2
針に糸をかけ、
一度に引き抜く

3
以上をくり返す

🖉 長編み3目の玉編み ●目数が変わっても同じ要領で編む

1
長編みの最後の引き
抜きをしない未完成
の長編みを同じ目に
3目編む

2
針に糸をかけて、
4ループを一度
に引き抜く

3
長編み3目の玉編み
が編めたところ

🖉 中長編み3目の変わり玉編み ●目数が変わっても同じ要領で編む

1
針に糸をかけて引き出
すことを3回くり返し、
針にかかっている6
ループを一度に引き抜く

2
続けて、針にか
かっている2ループ
を一度に引き抜く

3
編めたところ

🅰 🅵 長編み2目一度 ●減らす目数が増えても同じ要領で編む

〈左側〉

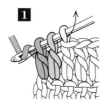
1

2

前段左端から2目残すところまで編む。
針に糸をかけて次の目を拾い、2ルー
プを1回引き抜く。さらに左端の目も
同様にして編むと3ループが残る

針に糸をかけ、3ルー
プを一度に引き抜く。
1目が減ったところ

〈右側〉

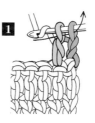
1

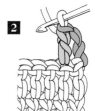
2

前段が編めたら編み地の向き
をかえ、鎖2目（もしくは3目）
で立ち上がる。長編み**2**の要
領で編む

2目一度になり、
1目が減ったところ

🅅 長編み2目（増し目） ●目数が増えても同じ要領で編む

1

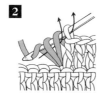
2

長編みを1目編んだら針に
糸をかけ、もう一度同じ目
に手前側から針を入れる

糸を引き出し、長編み
をもう1目編む

✕ うね編みとすじ編み ●図は細編み。長編みの場合も同じ要領

うね編み

1

2

すじ編み

前段の向こう側半目をすくう。うね編みとすじ編みは記号が同じですが、
うね編みは往復編み、すじ編みは一方向（輪）に編む

細編み2目（増し目）●目数が増えても同じ要領で編む

前段の1目に細編みを
2目編み入れ、目を増す

1目が増えたところ

 細編み2目一度 ●目数が増えても同じ要領で編む

前段から1目ずつ
2回糸を引き出す

針に糸をかけて、針にかかって
いる3ループを一度に引き抜く

細編み2目一度が
編めたところ

 バック細編み

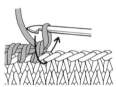

左から右へ編む。前段に
矢印のように針を入れる

糸を引き出し、針に糸をかけて
2ループを一度に引き抜く

 細編み3目一度

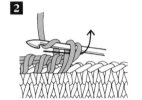

前段から1目ずつ
3回糸を引き出す

針にかかっている4ルー
プを一度に引き抜く

細編み3目一度
が編めたところ

 パプコーン編み

指定の目数分の
長編みを編んで
針をはずす

最初の目の上部に手
前から針を入れ、は
ずした目を引き抜く

鎖1目を編んで
でき上がり

 鎖3目のピコット編み

ピコットをする位置で
鎖3目を編み、矢印
のように針を入れる

針に糸をかけて一
度に引き抜くと、
丸いこぶができる

指定の間隔で
ピコットをく
り返す

 表引き上げ編み ●図は長編み。編み目が変わっても同じ要領

針に糸をかけ、前段の編み目に手前から針を入れて横にすく
い、糸を長めに引き出す。針に糸をかけて2ループを引き
抜き、もう一度針に糸をかけて2ループを引き抜く

 裏引き上げ編み ●図は長編み。編み目が変わっても同じ要領

針に糸をかけ、前段の編み目に向こう側から針を入れて横に
すくい、糸を長めに引き出す。針に糸をかけて2ループを引
き抜き、もう一度針に糸をかけて2ループを引き抜く

巻きはぎ

[1目]

[半目]

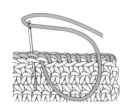

前側と向こう側の目（作品により、1目か半目）を
すくうことをくり返す

引き抜き編みひも

1 ★折り返して鎖の背の山
をすくって引き抜く

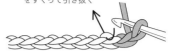

必要目数の鎖を編み、1目とばして2
目めの裏山に針を入れる

2

糸をかけて引き抜く

3

裏山に針を入れて **2** をくり返す

えび編みコード

1

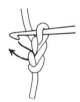

針を入れる

2

細編みを
編んで回す

3

針を入れる

4

針に糸をかけて
引き抜く

5

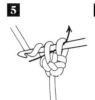

もう一度引き抜く

6

回す

7

3〜**6** を
くり返す

タッセルの作り方

1

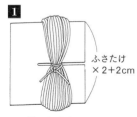

ふさたけ
×2+2cm

巻いた糸を
中央で結ぶ

2

中央で結んだ糸
にコードを結び
つける

3

コード

ふさを二つに折り、共糸
で結んで糸端を中に入れ、
ふさの先を切りそろえる

ポンポンの作り方

1

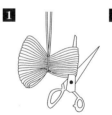

ポンポンの直径に1cm加え
た幅の厚紙に、糸を指定回
数巻く。厚紙をはずして中
央を結び、両端の輪を切る

2

形良く切り
そろえる

3

中央の糸で
とじつける

配色糸のかえ方

1

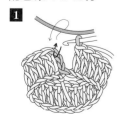

2

立ち上がり
鎖3目

3

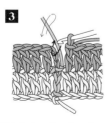

長編み最後の引き抜きをするときに配色糸にかえて引き抜き、次の段の立
ち上がり鎖3目を編む。地糸に戻すときは休めておいた糸を持ち上げて地
糸で引き抜く

記号の見方（目を割る・束に拾う）

[根元がついている場合]

前段の鎖の目を割って
針を入れて編む

[根元が離れている場合]

前段の鎖の目を割らずにル
ープ全体を束（そく）に拾
って編む

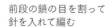

● カバー
デザイン／柿沼みさと

● 本文
デザイン／柿沼みさと
撮影／伊藤ゆうじ　関根明生　本間信彦
モデル／植田紗々　Kanoco
　　　　春菜メロディー　シミズ マイラ

● 企画・編集
荷見弘子　水口あきこ　丸尾利美

● 編集担当
尾形和華（成美堂出版編集部）

本書は、先に発行の
「手編み大好き！」の中から、
特に好評だった作品に
新規を加えて再編集した一冊です。

はじめてでも楽しく作れる! かぎ針編みの小もの バッグ・帽子・ストール

編　者　成美堂出版編集部
発行者　深見公子
発行所　成美堂出版
　　　　〒162-8445　東京都新宿区新小川町1-7
　　　　電話(03)5206-8151　FAX(03)5206-8159
印　刷　大日本印刷株式会社

成美堂出版の
編み物の本

編み方のコツが
ひと目でわかる **はじめてのかぎ針編み**
リトルバード[編]B5判

かぎ針編みで作る **モチーフ＆模様BOOK**
成美堂出版編集部[編]B5判

はじめてでも
楽しく作れる! **かぎ針編みの小もの** バッグ・帽子・ストール
成美堂出版編集部[編]AB判

かぎ針編みの花モチーフと小物
成美堂出版編集部[編]B5判

◎弊社出版情報はホームページをご覧下さい。
https://www.seibidoshuppan.co.jp

はじめてでも楽しく作れる!
かぎ針編みの小もの バッグ・帽子・ストール

発 行	2024年7月20日
定 価	本体1400円＋税
編 者	成美堂出版編集部
印 刷	大日本印刷株式会社
発行所	**成美堂出版**

〒162-8445　東京都新宿区新小川町1-7
☎(03)5206-8151　FAX(03)5206-8159

ISBN978-4-415-33248-2
C2077 ¥1400E

定価：本体1400円＋税

はじめてでも楽しく作れる！
small crocheted items

かぎ針編みの小も

❀ バッグ・帽子・ストール ❀